PEPE REINA

EL MUNDO EN NUESTRAS MANOS

ASÍ FUIMOS CAMPEONES

PEPE REINA

EL MUNDO EN NUESTRAS MANOS

ASÍ FUIMOS CAMPEONES

PRÓLOGO DE IKER CASILLAS
EPÍLOGO DE VÍCTOR VALDÉS

MEDIALIVE

Travessera de Gràcia 73-79, 1º1ª - 08006 Barcelona
www.medialivecontent.com
1ª edición: Noviembre 2010
ISBN: 9788492985708
Depósito legal: B-20.894-2010
Diseño: Patimpatam
Impreso y encuadernado en España

AGRADECIMIENTOS 5
PRÓLOGO DE IKER CASILLAS 9
INTRODUCCIÓN 19
COMPAÑEROS DE VIAJE 27
LOS NUEVOS 37
DEBATE INICIADO Y ACABADO 45
PEDRO MARCA Y MARCA 52
EL ESFUERZO TIENE RECOMPENSA 59
EL AVIÓN DE LA ILUSIÓN 67
POCH 77
VER A LOS RIVALES 85
NORMAL QUE NOS TILDEN DE FAVORITOS 91
LA PRIMERA EN LA FRENTE 97
GABINETE DE CRISIS 103
EL JEFE HABLA Y SE LE ESCUCHA 110
FINALES EN LA FASE DE GRUPO 116
SE SUMA HASTA LESIONADO 121
TRANQUILIDAD, XAVI ASUME EL MANDO 128
LLORENTE GANÓ... GANÓ ALEMANIA 133
MENSAJES PÚBLICOS, MENSAJES PRIVADOS 138
NOS LOS COMIMOS COMO EN VIENA 148
LOS CÓMPLICES SE DELATAN EN LA PARTIDA 158
EL FÚTBOL TENÍA QUE SER JUSTO 164
EL GUIONISTA HIZO SU TRABAJO 172
AVIÓN DE LA FELICIDAD 185
UN HUMILDE *SPEAKER* 199
GRACIAS 209
EPÍLOGO DE VÍCTOR VALDÉS 217

AGRADECIMIENTOS

Supongo que si ahora estoy pasando por el mejor momento de mi carrera profesional es GRACIAS a que mi madre Conchita me parió un caluroso 31 de agosto de ese verano en que curiosamente se jugó el Mundial en España. No podía ser de otra manera (ja, ja...). Sin ella todo este libro serían palabras vacías. ¡¡Olé por ti, mamá!! Y olé por ti, papá, por regalarme todas esas anécdotas maravillosas durante toda la vida, y por hacer de nuestros vestuarios una continua oportunidad para crecer como persona. También por ser el culpable de entender que la posición en que me iba a ganar la vida era esa tan «ingrata» de portero, pero que tanto nos ha apasionado primero a ti durante nada menos que diecisiete años y ahora a mí. ¡GRACIAS, JEFES!

A mis cuatro hermanos: Miguel, Paco, Javier y Manolo.... Curioso que de cinco que somos sólo yo haya tenido la suerte de poder ser futbolista profesional. De todos he aprendido cosas y a los cuatro os debo mucho, al igual que a vuestras parejas, que tienen el cielo ganado por «aguantaros», y, por supuesto, a mis sobrinos Álvaro y Paula. GRACIAS, CHICOS.

A mis tíos, que me han ayudado sin duda a estar siempre seguro de lo que quería ser y a luchar por ello. A todos ellos, en Barcelona, Córdoba y Murcia, por ejercer además como padres cuando fue menester. GRACIAS.

A mis suegros y mi cuñada por acogerme desde el primer día como uno más y por quererme como a un hijo y como a un hermano. GRACIAS.

A mis amigos, íntimos y no tan íntimos, por estar siempre ahí y por compartir miles de anécdotas y vivencias... Antonio, Manu, Pesca, Raúl, Rafita y compañía... GRACIAS.

¡¡A mis compañeros!! A todos los que he tenido durante estas más de doce temporadas como profesional: de todos he aprendido cosas y todos me han ayudado a ser más competitivo y mejor persona. GRACIAS.

A mis técnicos, dirigentes, entrenadores, preparadores de porteros, fisioterapeutas, doctores, utilleros, jefes de prensa, etc, etc... Por su ayuda en las correcciones y en las críticas constructivas, por su confianza, y por hacer que todo lo que hago sea mucho más sencillo estando ellos echando una mano. GRACIAS.

A mi compadre Paquito, por ser como el quinto de mis hermanos, por estar siempre ahí y por ejercer de talismán en tantas y tantas ocasiones con ese «buen bajío» que le caracteriza. GRACIAS. A mi comadre Pilar por su paciencia con él y a mis gitanillos Paquito y Azahara.

A nuestra gente de Villarreal, porque siempre será mi casa y os tendré en el corazón. Hay que ver cómo se portan con nosotros cada vez que vamos, sobre todo la familia Prieto y los Salinas. GRACIAS.

A Manolo García Quilón y su gente —Galo, Diego, Patricia y José Luis— por sus consejos, su experiencia y su calma y acierto tomando decisiones durante ya casi quince años.

A Íñigo, Iñaki, Víctor, Mariajo y sus *compis* por tenerlo todo bajo control, por reconducir mi vida de alguna manera y por descubrir a mi otro yo. GRACIAS.

A Carmelo por ilustrar a la perfección toda una carrera llena de alegrías y ser testigo de tan buenos momentos siempre con su cámara a punto y su sonrisa campechana. GRACIAS.

Mención especial merece, como digo en la introducción, mi abuelo, don Miguel Reina Llorente, un humilde y trabajador jefe de cocina que emigró a Caracas cuando tenía mi edad para poder criar a nada menos que cinco hijos y que le trajo de allí a mi padre su primer balón... Curioso, ¿verdad? Si hay una persona a la que me gustaría parecerme por todos los valores que representaba y abanderaba es a él. Nos dio mucha fuerza desde el cielo en esa final... Seguro que estaba sentado al lado de mi abuela María «peleándose» con aquel buen amigo suyo, don Simón (ja, ja...). Y estoy seguro de que esa *volea* que empalmó Andrés ese 11 de julio llevaba también la rosca de su peculiar cojera. GRACIAS, patriarca.

Como no podía ser de otra manera MUCHÍSIMAS GRACIAS a las personas que hacen que me sienta un privilegiado, con una felicidad completa todos los días de mi vida: a mi mujer, Yolanda, y a mis hijas, Grecia y Alma. Sin ellas jamás estaría donde estoy. GRACIAS por esa estabilidad, por esos consejos, abrazos, besos, cosquillas, risas y reprimendas cuando las merezco. Sois lo mejor que me ha pasado en la vida y el motivo de mi existencia. OS QUIERO COMO DE AQUÍ AL CIELO (¡¡ida y vuelta!!). Y por último, y espero que me perdonen si me dejo a alguien, ¡¡GRACIAS a todos los aficionados al fútbol!! En especial a los del Barcelona, Villarreal y Liverpool por razones obvias. Ellos hacen que este grandioso deporte sea lo que hoy es... Es a ellos a quienes realmente nos debemos.

¡¡GRACIAS AL FÚTBOL Y A ESE DICHOSO BALÓN QUE TANTOS QUEBRADEROS DE CABEZA ME CREA!!

GRACIAS Y MIL GRACIAS.

PRÓLOGO DE IKER CASILLAS

Gracias a Pepe Reina por invitarme a participar en este libro. Me ha permitido recordar nuestro camino para ser campeones del Mundo. Ganamos y cumplimos los pronósticos, es cierto. Pero no fue nada sencillo. A nivel colectivo fueron muchos los ojos que se volvieron sobre nosotros, a pesar de que nunca habíamos ganado un Mundial.

En el plano personal, el Mundial me reafirmó en algo que siempre he creído y, que, por ahora, seguiré creyendo: al final la gente tiene su recompensa. Si haces bien las cosas, la tendrás. Todo se resume en el final de este cuento.

Un final de cuento que no tiene nada que ver con lo que sucedió en la Eurocopa 2008. La Euro tiene nuestros rinconcitos, nuestros recuerdos, nuestras grandes vivencias, pero, ahora, tengo que darle la razón a un grandísimo amigo y que fue compañero mío en el Real Madrid. Fabio Cannavaro me decía que la Eurocopa está muy bien, pero que cuando ganas la Bambina, como él la llama, es diferente. Y es verdad. Es totalmente diferente. No tiene nada que ver. Todo lo anterior se te borra. Y sólo recuerdas ese momento. Ese instante.

Allí, en Johanesburgo, la celebración fue muy fría. Eran poco más de 4.000 o 5.000 los españoles que estaban en las gradas. Todo fue muy rápido en la celebración. Y luego, tener que venirnos hacia España en un vuelo de once horas hizo que sólo al llegar a Madrid nos diéramos cuenta de lo que habíamos logrado. En Sudáfrica éramos conscientes, aunque algunos seguíamos manteniéndonos algo incrédulos. Sólo podíamos intuir lo conseguido si traíamos a la retina lo que se montó con la Eurocopa. Pero todo fue diferente, muy diferente.

Para llegar a ese instante del 12 de julio en el Manzanares, el camino fue intenso. Aunque comenzamos perdiendo ante Suiza, creo que el inicio fue muy bueno. Quizá por eso mismo. A nosotros nos vino de fábula y fue nuestro punto de inflexión. Era el primer momento de adversidad en dos años y sirvió para que nos hiciéramos más fuertes.

Encajamos demasiadas críticas desfavorables. Bajo mi punto de vista, totalmente desmesuradas. A partir de ahí, el equipo volvió a jugar como había demostrado en los meses anteriores y dejando claro los motivos por los que habíamos llegado al Mundial tras haber ganado los diez partidos de clasificación.

Superamos dos contiendas con mucho sufrimiento: ante Honduras y Chile. A priori no eran equipos complicados, sobre todo en el caso de Honduras, porque los chilenos sí que habían conseguido una brillante clasificación. Eran dos selecciones que no tenían mucho nombre a nivel mundial. Se logró pasar el trámite de estos dos encuentros. Ahí, contra Chile, comenzamos a tener suerte. Ganamos por la mínima y pasamos como primeros de grupo. Al principio se pensaba que lo conseguiríamos de una forma tranquila y, al final, lo logramos con sufrimiento.

A partir de ahí el camino, como todos sabéis, fue más rodado. Aquellos que nos criticaron de forma cruel durante unos días, ya no dieron la cara. Está claro que en esto del periodismo, mucha gente habla pero luego se esconde. Lo que se dice en cierto momento, pocos los hablan dos meses más tarde.

En mi caso, después de todo lo que se estuvo diciendo, me limité a otra cosa. A hacer lo mío, que es parar la pelota. Intentar ayudar a todo el equipo. Ser uno más dentro de una plantilla que no tiene individualidades. Que se pueda enumerar a uno o a otro porque cada uno demuestre haber ayudado a que la selección gane. Eso era lo único importante.

Como lo demostraron los que menos minutos disfrutaron en este Mundial. Todos sumaron y de qué manera. Como el propio Pepe Reina. Es una persona muy importante en esta selección. Muchas veces me pongo en su situación y entiendo que no es fácil. Ser titular en tu equipo. Hacer las temporadas que ha hecho en el Liverpool, siendo cuatro veces en cinco años el portero menos batido, y luego, en la selección, no disponer de todos los minutos que podría jugar es complicado. Yo no sé si lo sabría asimilar tan bien como él lo lleva.

A día de hoy, la palabra compañero se queda atrás y pasa a ser amigo. Él siempre ha querido ayudar al equipo y ayudar a cada jugador. Te viene para aconsejarte, para decirte, para comentarte lo que sea. Y ese *lo que sea* fue clave para poder clasificarnos para semifinales. Sin su aportación no podría haber parado el penalti ante Paraguay.

Ese día, antes de jugar los cuartos de final, fuera o no por casualidad, me lo dijo muy claramente. Se sentó a mi lado y me habló de cómo lanzaba Cardozo un penalti. Otras veces te lo puede insinuar o se nos puede pasar algún detalle. Pero no fue así. Como él dice, al final es el que está bajo los palos el que tiene que decidir

Pepe Reina finaliza de rodillas la celebración en el Manzanares.

para dónde lanzarse. Aunque, está claro, todo ayuda. Y la ayuda que te pueda prestar un compañero siempre es grande.

No me quedaba otra: porque lo sentía y porque me apetecía, quería agradacerle en público y en privado su aportación para nuestro pase a *semis* ante Alemania. El mensaje privado también cuenta. No es todo agradecerlo públicamente o delante de los compañeros. Hay que hacerlo ante la propia persona. Se lo merecía. Pepe va para entrenador. Ve muy bien el fútbol y le gusta mucho seguir todos los partidos posibles. Le encanta este deporte y eso te lo transmite.

Tener a Pepe es un seguro de vida. Como lo es tener la portería tan cubierta como la tiene España. No voy a hablar de mi caso personal. Sí de mis otros dos compañeros bajo los palos en este Mundial, con su permiso. No tengo ninguna duda de que están entre los mejores porteros del Mundo. Víctor Valdés lleva unas temporadas en el Fútbol Club Barcelona magníficas. Sensacionales. No voy a descubrirle nada. Y Pepe Reina, tres cuartos de lo mismo. El problema surge cuando el listón está tan alto. A partir de ese momento, te piden que el listón vaya de ahí para arriba. Si lo bajas, no vale. Y a mí me exigen porque ellos dos son grandísimos porteros. Una gran competencia. Esto hace que ninguno pueda bajar los brazos.

Como ninguno puede bajar los brazos con todo lo que viene detrás o lo que hay en España. La portería de la selección española está cubierta ahora, ha estado cubierta en los años anteriores y va a estar cubierta por muchos años gracias a la gente que viene. En España somos unos privilegiados. Ves a Italia, Francia, Inglaterra, Alemania... y, a día de hoy, cualquier seleccionador querría tener a los porteros que hay en nuestro país. Jóvenes como De Gea o

Asenjo. Veteranos como Palop, César o Ricardo. Iraizoz o Aranzubia. Da igual qué tres porteros escojas, porque te van a dar una excelente garantía. Gente que ha hecho temporadas que son para quitarse el sombrero. Grandísimos profesionales del fútbol.

Pero como estamos hablando del Mundial, permitidme que cite a quienes han conseguido este título. No me puedo quedar con nadie en particular. Me quedo con todos los recuerdos que tengo al lado de los compañeros. Hace ya unos cuantos años que estamos conviviendo juntos. No me quedo con lo que hemos ganado y pasado en el Mundial. Me quedo con el hecho de que esto sigue. Ahora mismo sería muy fácil que cualquier jugador de esta plantilla dijera, después de ganar una Eurocopa o un Mundial, que deja la selección. Ya lo ha conseguido todo. Xavi, Puyol, Cesc, Iniesta o yo mismo. ¿A qué más puedes aspirar? Es cierto que puedes ganar otro título más, porque ya hemos ganado todas las competiciones. Pero no. La gente sigue aquí.

Como le pasa a un Puyi que tenía dudas en su mente. Entre todos le hemos dicho que es una selección que puede ganar la Eurocopa. No es que digamos que vamos a ganarla. Puedes tener un día mala suerte y caer. Lo bueno es que este equipo está ya formado. Y toca defender título.

Otra de las claves de este grupo es que nos divertimos cuando nos juntamos en la selección. Nos divertimos, y mucho. Se nota y se palpa en la convivencia. Antes, en las concentraciones, se hacian los días pesados. Cuando yo llegué, hace ocho años, sí que eran pesados. Una desilusión detrás de otra. Todos llegando del Mundial de Japón y de Corea 2002 cabizbajos. La Eurocopa de Portugal 2004. De nuevo desilusión. Alemania 2006, eliminados en octavos. Ahora, todo ha cambiado tanto que, personalmente, estoy deseando que haya una convocatoria de la selección. Creo que hablo por todos. Voy a dar un paso adelante: os aseguro que cuando nos llamen, la gente vendrá encantada.

El buen ambiente se nota en anécdotas como la del cruasán. Fue la mayor tontería que se nos ocurrió. Empezamos tres o cuatro. Nada más. Estábamos jugando una partida de *pocha* y, a espaldas del doctor porque nos tenían muertos de hambre, pedimos un colacao y unos cruasanes y a partir de ahí comenzamos a ganar. Fue ante Inglaterra en Manchester. Veníamos de dos resultados malos, ante Rumanía y Suecia, y todos nos querían matar. Así es como ocurrió. Y desde entonces no hay día que no hagamos lo mismo. La tradición sólo la rompió Busquets una vez. Pero ya le dejamos entrar (sin comer, eso sí).

En una concentración pasas muchas horas muertas. Y necesitas que el ambiente sea bueno y distendido para que todo resulte lo más positivo posible. Unos lo aprovechan para jugar a las cartas o al bingo, para dar un paseo o jugar un campeonato con la *play*. Cosas de lo más normales. Estamos demostrando que con mucha normalidad y con mucha naturalidad logramos con el fútbol lo que nunca se ha conseguido en este país.

Por último, un deseo y una esperanza. Espero y deseo que no nos pase como a otras selecciones, como a Francia por ejemplo. Un país que ganó hace diez años la Eurocopa y el Mundial. Como ha hecho España ahora. Me daría mucha pena que la gente acabara insultando e increpando a esta selección porque no pasáramos de cuartos, octavos o de grupos. Esto va por etapas y nos ha tocado vivir la mejor. Que todos disfruten. Nada es sencillo y no se puede ganar un Campeonato del Mundo todos los años. ■

Reina 'entrega' la Copa del Mundo a toda España.

esto
visit
SPAIN
5

Pepe Reina junto a su abuelo en La Masía.

INTRODUCCIÓN

Me tiré de rodillas. Todos los compañeros se abalanzaron sobre mí. Se pusieron encima. Sólo podía ver la bella y majestuosa Copa del Mundo, y, al fondo, a cientos de miles de personas que habían aguantado como campeones para poder vernos apenas unos minutos. Aquél era el final de una fiesta que había empezado horas antes. Bueno, más bien, un día antes. Justo desde que Andrés Iniesta se empecinó en escribir el guión para que todos estuviéramos a orillas del Manzanares esta noche del 12 de julio. En aquel momento se apagaron los focos. Y durante aquel instante compartimos el éxito en la intimidad. El éxito de estar con los compañeros, los familiares y amigos más cercanos, saboreando, sin cámaras, que éramos campeones del Mundo.

Cuando nos dirigíamos hacia el autobús que nos llevaría al restaurante Txistu, empezaron a agolparse en mi mente muchas imágenes. Algunas me dibujaban una sonrisa en el rostro. Otras, todo lo contrario. Comencé a recordar cómo habíamos llegado hasta aquí. Son muchos los pasos y muchos los caminos que hemos tenido que recorrer para poder decir, en los próximos cuatro años, que España es la campeona mundial de fútbol.

“Son muchos los pasos y muchos los caminos que hemos tenido que recorrer”

Contemplé a mis compañeros. Cada uno con un ritual distinto, quizá en la forma, pero similar en el fondo. Unos completaban aquel día la lista de todos los títulos posibles a nivel profesional. Otros, en cambio, sentían por primera vez que las cámaras de todo el mundo querían su imagen. Pero, ya sin los focos, todos notamos ese primer silencio que conlleva el éxito. Sí, seguíamos estando juntos, pero cada uno tuvo su instante de reflexión, respiró profundamente y sintió que acababa de vivir un momento mágico. Y quizá irrepetible. Y, con toda seguridad, un momento que jamás olvidaremos.

Después de estar veinticuatro horas de fiesta, justo antes de celebrarlo con los nuestros, esos pocos metros que me separaban de ellos sirvieron para repasar cada instante que nos tocó vivir en Sudáfrica. El trabajo colectivo del grupo e individual de todos nosotros había tenido su fruto. Hay otras veces que trabajas incluso más y no te toca el premio... Esta vez nos había tocado el gordo. El máximo al que puede aspirar un futbolista profesional. Y entonces no sólo me acordé de estos casi dos meses de

Reina dando sus primeros pasos en las categorías inferiores del Barça.

Reina debutó con el primer equipo del Barcelona con el número 35.

convivencia sino también de cada paso que he ido dando en mi carrera para terminar siendo el «portavoz» de esta selección. Y, naturalmente, de estos «cabrones» (con todo el cariño) que me han hecho el tío más feliz de todo el mundo.

sólo pude mirar hacia el cielo desde la ventana y mandarle un GRACIAS. Así, en mayúsculas

Personas que hace años que no veo. Que, estoy seguro, han seguido mi carrera y se han alegrado por mí. Y a quienes, sin que ellos lo sepan, siempre les he agradecido alcanzar este momento que constituye la culminación de toda carrera futbolística. No estoy hablando de una retirada, pues espero que me queden muchos años todavía, sino de haber llegado a la cima. Sin todos ellos, entrenadores, ayudantes, compañeros, directivos y aficionados que han estado ahí, nada de esto podría haber sucedido.

Sin duda alguna me venían a la mente muchas imágenes similares a las que había vivido hacía dos años. Tras volver de Viena como campeones de Europa, el recorrido en Madrid fue muy similar. Visita a La Zarzuela, para estar con la familia real; visita a la Moncloa, para estar con el presidente del Gobierno, y la rúa que nos llevó hasta plaza de Colón, con cientos de miles de personas reunidas en la calle para ver nuestro paso.

Nuestro destino final ha sido el Manzanares. Esta vez todo se ha multiplicado. No había visto tanta gente junta en mi vida... y no creo que la vuelva a ver. Lo que tenía que haber sido un recorrido de treinta minutos se convirtió en una marcha de más de cuatro horas. No tengo palabras para describir la sensación de estar en la parte alta del autobús descapotable recorriendo la Gran Vía, y no poder ver ni un centímetro de asfalto por el más de millón de personas que quisieron estar a nuestro lado.

Ya en el primer momento de intimidad, noté que había similitudes entre la Eurocopa y el Mundial, pero no se me escaparon otras muchas diferencias. Tanto el 30 de junio de 2008 como el 12 de julio de 2010, mi primer pensamiento, la primera imagen que me vino a la mente fue la de mi abuelo. Don Miguel Reina, la persona que más se esforzó por que yo fuera futbolista. Como pasa con las sensaciones, me resulta imposible explicarla. ¿Por qué tras la Eurocopa el pensar en él me hizo llorar y, en cambio, ahora, su imagen me hizo sonreír? ¡Quién sabe! Tanto en un momento como en otro, desde mi asiento del autobús, sólo pude mirar hacia el cielo por la ventana y mandarle un GRACIAS. Así, en mayúsculas. Es lo mínimo que podía hacer.

En ese agradecimiento se resumen todas las tardes y noches que venía a verme entrenar con las categorías inferiores del Barcelona siendo yo sólo un niño. Para mí fue una persona muy importante en mi vida. Yo me crié en La Masía y a él lo tenía en Barcelona. Conmigo ejerció de padre. Por estar en mis entrenamientos ha pasado mucho frío, muchas tormentas, mucho calor, viento, nieve... de todo. Y lo recuerdo tapándose la cabeza con una bolsa de basura. Hacerle tres agujeritos para poder respirar y ver bien y presenciar el entrenamiento. Y a pesar de tener una cadera mal y andar cojeando, todo aquel esfuerzo parecía no costarle nada.

Aquel verano de 2008, aquellos recuerdos, me hicieron sentir muchísima pena por mi abuelo: después de haber pasado tanto para que yo fuese futbolista, se perdió la Eurocopa. No pudo estar en directo ni disfrutar de aquel colofón que era ganar la Euro en Viena. Me apenó tanto que efectivamente terminé llorando como una magdalena.

En cambio, en 2010, me acordé de él con alegría. Y aquél fue el momento de dedicárselo. De pensar, además, en la gente que me ha llevado a querer ser futbolista. Mis padres, mis hermanos, mi mujer, mis hijas, mi compadre Paquito, mis amigos... Toda la gente que está ahí cuando la necesitas. En ese momento no puedes pedir nada más como jugador. La Copa del Mundo es el súmmum de tus posibles hazañas. Y, sí: estando en ese instante en la cima, me acordé de todos ellos.

Y como para todo hay un primer momento, en el recorrido que me disponía a realizar hasta que el autobús se parase para poder cenar y al menos intentar quitarme el dolor de cabeza que me rondaba desde hacía varias horas, me sobrevino la imagen del momento en el que, por fin, supe con seguridad que estaría en el Mundial. Cuando Vicente del Bosque dio la lista de convocados para el viaje a Sudáfrica. Aunque ya había declarado que Iker Casillas y yo éramos fijos en la portería, hasta que no escuchas tu nombre de boca del seleccionador no dejas de sentir un cosquilleo en el estómago. Como lo sintieron todos y cada uno de los 22 compañeros de viaje que he tenido en esta maravillosa experiencia. Otros se quedaron en el camino. Incluso en el último momento. Es la ley del fútbol. Ahora más que nunca, sí que puedo decir que fuimos los elegidos para la gloria. ▪

Capítulo 1

«El Picho es otro caso de muy buen futbolista y otro buen carácter dentro del equipo. Estuvo muy cerca de Marchena. Ha sabido reinar en el buen ambiente de la selección.»

CON EL 13, EL TOBILLO MÁGICO, EL AMIGO DEL AMAGO, **¡JUANÍN MATA!**

COMPAÑEROS DE VIAJE

En el camino hacia el Txistu, casualidad o no, miro a Juan Mata. Cierto es que en la lista que dio Vicente del Bosque era uno de los que entraba en todas las quinielas. Como también es cierto que lo estaban Javi Martínez, Pedro y Víctor Valdés. Para los tres, aquélla fue la primera vez que los llamaban y lo hacían, directamente, para que disputaran el Mundial. Casi nada. Quien más y quien menos, ahora que está tan de moda apostar por lo que sea, daba sus 23 nombres. A la postre, este particular trío ha sido muy válido y han aportado y sumado muchísimo al grupo, pero a ellos les dedicaré unas páginas más adelante.

No se debe a nada especial que me fije en el Picho para comenzar este recorrido, pero teniendo en cuenta que todavía es un sub-21, él demuestra que el relevo de esta selección está más que

En su primera temporada con el Barça jugó de titular en el Bernabéu.

me acordé más
de quienes no estarían
entre nosotros que
de quienes serían
mis compañeros
de viaje

garantizado. Y será el futuro habiendo sabido formar parte de un presente que, en el momento de la lista definitiva del seleccionador, queríamos que fuese mágico y recordado por todos.

Ya reunidos todos en el autobús con el que recorrimos Madrid tras el trabajo conseguido, traté de imaginar cómo vivía tanto Juanín como su familia, que, después de haber salido de un equipo tan grande como el Real Madrid para marcharse al Valencia siendo todavía más joven, había tenido su premio con poder jugar un Mundial. Decidió irse y le está saliendo muy bien. Mejor dicho, bastante más que bien.

Pero si unos estábamos en la lista que facilitó el míster el 20 de mayo, otros se tuvieron que quedar fuera. Y recordé ese día vívidamente. En Liverpool, todavía en casa, me acordé más de quienes no estarían entre nosotros que de quienes serían mis compañeros de viaje. Y también me acordé de los que se habían caído de la lista de 30 para quedarse en 23. De Diego López, David de Gea, Azpilicueta, Santi Cazorla, Marcos Senna, Álvaro Negredo y Dani Güiza, quienes habían perdido su billete para un tren que estaba llamado, así lo aventuraban, a tocar la gloria.

Tendría un mes y medio por delante para hablar y hablar con los convocados, pero ni un minuto para decirles a quienes no formarían parte de aquel equipo que lo sentía. Y fue entonces cuando empecé a enviar mensajes para decirles que nos acordaríamos muchísimo de ellos. Envié un mensaje a Diego López; otro a Santi Cazorla; otro más a Riera, mi vecino y compañero durante mucho tiempo en Liverpool y por quien siento un gran aprecio, y otros mensajes a las personas con las que tengo muchísimo trato. Las mismas de quienes me acordé nada más conocer la lista definitiva de Del Bosque. A todos ellos les dije

España formó un grupo muy poderoso con Vicente del Bosque, ganando todos los partidos de

clasificación para el Mundial de Sudáfrica 2010.

que estarían con nosotros en Sudáfrica. Ellos formaban parte del grupo por más que, lamentablemente, sólo pudiésemos ir 23. Y yo no fui el único que los sintió cerca, también otros compañeros se comunicaron con ellos para decirles que siempre nos acordaríamos de quienes finalmente no pudieron viajar. Yo los considero tan campeones del Mundo como los que sí pudimos vestir la camiseta de la selección en Sudáfrica.

La respuesta de todos fue muy similar. Las palabras de aquellos mensajes de móvil podían variar, pero querían decir lo mismo: por un lado, expresaban un sentimiento de tristeza por haber perdido el tren del Mundial en el último momento; por otro, una actitud que los engrandece todavía más: se mostraban a nuestra disposición para lo que necesitáramos y para apoyarnos en cada momento aunque fuese desde la distancia. Y, claro, nos pidieron un favor, un compromiso, quizá nos impusieron una obligación, cada uno puede entender esta petición como quiera: «Ya que entre todos hemos llegado hasta aquí, ahora hay que conseguir el Mundial. Para eso se debe viajar a Sudáfrica». Eso era lo único que nos pidieron. Y lo intentaríamos. Por ellos, por nosotros y, en definitiva, por todos. Un motivo más para luchar por la Copa.

Y de vuelta al autobús, que aún no había podido salir del Manzanares, mi mirada estaba fija en Juan Mata: yo me veía reflejado en él. Él decidió salir de la cantera del Real Madrid y ha llegado a un Mundial. En mi caso, aun con la fortuna de haber jugado prácticamente dos años en el primer equipo, tuve que salir del Barcelona porque consideré que podría crecer más en otro lugar. El club vivía momentos difíciles y el Villarreal se interesó por hacerse con mis servicios. Manuel García Quilón, mi representante, y yo mismo decidimos que esa opción era la mejor: jugar con un equipo que estaba creciendo y que quería apostar

Reina, Ochotorena y Diego López.

por ser grande. Y entonces me topé con la opinión contraria de mi padre, Miguel Reina. Él, que jugó como portero, y de los grandes, en el Barcelona, quería que yo siguiera allí. Quizá todavía tuviera alguna espina clavada con el Barcelona y quería que yo la «sacase». Después de siete años en el Camp Nou, mi padre, junto a mi madre, vivió uno de esos episodios fuera del fútbol que nadie quisiera tener. Montó una empresa de pieles. Le fue mal. Más bien lo estafaron y tuvo que declararse en suspensión de pagos. Se vio con deudas y sin dinero. Pidió ayuda al que era presidente del Barcelona, Agustí Montal, pero él no pudo dársela. Y cuando peor lo veía, apareció don Vicente Calderón, presidente del Atlético de Madrid. Para mi padre fue como un segundo padre. Lo ayudó mucho más de lo que puede hacer un presidente por un jugador de su equipo, así que es normal que toda mi familia digamos públicamente, porque así lo sentimos, que somos colchoneros. A orillas del Manzanares, cerca de donde hemos culminado este día mágico, vivió unos años tan exitosos que jugó la final de la Copa de Europa. Una maldita final que se le escapó en un partido de desempate cuando todavía no existían las tandas de penalti.

Ya que entre todos hemos llegado hasta aquí, ahora hay que conseguir el Mundial.

Mi propio padre era el ejemplo de poder salir de un grande y triunfar en el mundo del fútbol. Pero cuando yo tuve esa disyuntiva, él entendía, como así era, que las circunstancias eran diferentes. Creía que esa temporada, a mis veinte años de entonces, la opción que más me convenía era permanecer en el Barça aunque fuese como tercer portero. Estar ahí y pelear por el puesto. Yo no lo veía nada claro. Bueno, sí veía claro que si quería «explotar» lo mejor era coger los bártulos, las botas, los guantes e irme a Villarreal. Y así lo hice. Como en el caso de Mata, poder dar un paso atrás me permitió, meses después, dar varios hacia delante y seguir un camino que me ha llevado a poder vivir la experiencia de ser campeón del Mundo.

Creo que uno se tiene que sentir valorado allá donde esté. Levantarse todas las mañanas sabiendo que, cuando llegue al trabajo, tanto los compañeros como los jefes saben de su compromiso con todo lo que lo rodea y reconocen que su labor por el colectivo sirve para que todos vayan hacia arriba. Sin duda lo más fácil habría sido mantenernos para decir que jugábamos en un grande de España. Y asumir el rol que tenían previsto para nosotros. Pues no. Cada uno puede marcar su propio rol haciendo lo que siente que tiene que hacer para sentirse importante.

Una selección es diferente a un club. En la selección todos asumimos que somos piezas para ensamblar la mejor maquinaria posible: todos teníamos que ayudar para que el grupo fuera campeón del Mundo. A los veinte años, sin embargo, lo importante es jugar todas las semanas. Ningún chaval de esa edad puede permitirse el lujo de estar en un banquillo o en la grada por estar en un equipo determinado. Si no juegas, no puedes demostrar lo que vales. Como el Picho lo lleva demostrando en el Valencia y cada vez que viene a la selección.

En Sudáfrica, es cierto, Mata jugó poco (ya quisiera yo haber jugado los minutos que tuvo el asturiano), pero... *me limpió* jugando al tenis de mesa. ¡Cómo juega! Bueno, entre tú y yo, tampoco me esforcé mucho. Así el «13» se fue contento. Para que luego digan de los supersticiosos. ■

Reina, en su debut con España, ante Uruguay.

> CON EL 20, DESDE LOS ALTOS HORNOS DE BILBAO, EL HOMBRE QUE ROBA MÁS BALONES DEL PLANETA, LA FUERZA, LA GARRA, EL MÚSCULO, LA ENTREGA DE ESPAÑA,
>
> **¡JAVI MARTÍNEZ!**

Capítulo 2

Entró sin hacer mucho ruido y sin estar en muchas quinielas. Y en su primera convocatoria, campeón del Mundo. Un jugador de muchísimo futuro y de gran compromiso.

LOS NUEVOS

Todos los focos de atención se centraron en ellos, en los jugadores nuevos. Esa reacción era normal y los veteranos lo agradecíamos un poco aquel primer día de bienvenida y de reencuentro. Apenas arrancada la concentración para un Campeonato del Mundo, ya estábamos seguros de que estaríamos más de un mes todos juntos, de manera que habría tiempo de poder salir todos y cada uno de nosotros en todos y cada uno de los medios de comunicación que nos acompañarían en esta aventura.

No es habitual que haya más de un jugador nuevo en una misma lista. Y en esta lista había tres. Así que pudimos entrar en la Residencia de la Ciudad del Fútbol con toda la tranquilidad del mundo. Sabíamos que donde había una nube de cámaras de televisión, fotógrafos o micrófonos, allí estarían Víctor Valdés,

Una planificación que acababa el 11 de julio en Johannesburgo

Pedrito —a medida que fueron pasando los días y los partidos sería «Pedro»— y Javi Martínez.

Al contemplar a Javi Martínez en este autobús, pienso que en su mente, como en la de Mata o Busquets, pueden producirse imágenes que nadie ha podido compartir y unir en el fútbol español. Ningún jugador ha sido campeón del Mundo y Olímpico. Cuando acabamos de ganar el Mundial, ya están pensando y soñando con colgarse el oro olímpico. Eso habla a la perfección del grado de compromiso que continúan teniendo con los que han sido y son sus compañeros en la sub-21. Ellos podrían pensar ya que lo han logrado todo y considerar un desprestigio que el cuerpo técnico de la selección los «bajase» con los jugadores de su edad, pero ellos mismos son quienes pensaban en ganar el Mundial y en ayudar a la selección a meterse en el Europeo de la categoría e ir a Londres 2012. Curiosamente, el Mundial podrán volver a ganarlo. Pero los Juegos Olímpicos... o son los de esa Inglaterra a la que quiero por lo bien que me ha acogido y todo lo que me ha enseñado en estos cinco años, o nada de nada.

Como en todas las concentraciones largas, el primer día nos dieron el *planning* de lo que íbamos a realizar en cada jornada. Una planificación que acababa el 11 de julio en Johannesburgo. Así rezaba el papel y así lo teníamos en mente. Para que eso fuese una realidad, antes debíamos hacer muchas cosas y todas, o casi todas, bien. Los fallos, en caso de haberlos, debían contarse en muy pocas unidades. Bueno, vale, en una sola y en un día concreto y señalado. Si el error se producía en otro momento, adiós a todas las aspiraciones e ilusiones que podía ver no sólo en los rostros de todos mis compañeros sino también en las caras de los técnicos, el personal de la Federación y, por qué no decirlo, en las de todos los periodistas que nos acompañaban.

Durante esas primeras jornadas, debíamos cumplir con algunas acciones que prácticamente constituían rituales. Unos, de carácter privado, en el interior del vestuario. Otros, también privados, con el cuerpo técnico. Y, cómo no, otros que se hacían para la imagen de la selección. En uno de estos últimos se produjo la que se podría considerar primera anécdota del Mundial.

Muchas personas pueden pensar que los jugadores sabemos de antemano la convocatoria del seleccionador. Que la sabemos los futbolistas y, también, varios miembros de la Federación. Muchos creen que cuando Vicente del Bosque lee esa lista ante la prensa y los convocados nos mostramos sorprendidos al escuchar esa llamada, nada es cierto, pero sí lo es. Y a las pruebas me remito. Bueno, mejor dicho, a la falta de pruebas... o medidas.

Quienes ya hemos jugado varias veces con la selección no tenemos un pequeño problema que sí tuvieron los nuevos. Debíamos hacernos la foto oficial con el traje de calle que llevaríamos en la concentración y, como había tres novatos, a ellos nadie les había podido tomar las medidas para hacérselo para el segundo día. Y, naturalmente, no todos tenemos el mismo cuerpecito serrano. Unos más y otros menos. Deportistas sí, pero vamos del 1,40 del «poni» David Silva hasta los casi dos metros del «camión» de La Roja, Fernando Llorente. Así que busca que te busca para dar con los trajes «a medida» para

Jugadores, técnicos y miembros de la expedición de la selección española para el Mundial de Sudáfrica posan con el traje oficial en la Ciudad del Fútbol de Las Rozas.

Víctor Valdés, Javi Martínez y Pedrito. Menos mal que esa foto era sólo para jugadores. Por ésas se libraron. Entre un fisioterapeuta, un utillero y algún alma caritativa pudieron posar para la posteridad con un traje «alquilado» como si fuesen a una boda.

La verdad es que podría decirse que vivíamos los primeros días de un matrimonio que debía ser para la eternidad. Cuando llegamos, todos firmamos ese contrato con duración hasta el 12 de julio. Nadie quería empezar antes las vacaciones. Si lográbamos llegar hasta ese día, sabíamos que el matrimonio con la gloria no lo podría romper el hombre. Nadie nos arrebataría entrar en la inmortalidad deportiva de España. Aquél era el inicio de un camino hacia la cima.

Y mientras que los novatos no paraban de atender a los medios y buscaban el traje perfecto para posar para la fotografía, entre el resto todo era buena sintonía. Quien más y quien menos habíamos participado en la clasificación para el Mundial. La gran mayoría también había estado hacía dos años en la Eurocopa de Austria-Suiza, que ganamos demostrando a nosotros y a todo el mundo que España podía levantar trofeos como selección absoluta.

Tardamos muy poco tiempo en cambiar el chip de una temporada muy dura en nuestros respectivos clubes. Quien no había luchado por la Champions lo había hecho por la Europa League o por las propias competiciones nacionales. Hasta entonces, tanto en España como en Inglaterra habíamos sido rivales. Ahora todos jugaríamos con un mismo objetivo.

En este momento, a toro pasado y después de haber intentado que el ambiente en el equipo fuese lo más amigable posible, tengo que confesar el miedo que me invadió aquellos días. Vale, veníamos de ganar la Eurocopa y de sentirnos muy grandes en el fútbol, pero que todo el mundo nos diese como favoritos no me gustaba nada. Se oían comentarios como si el Mundial se hubiera ganado muchísimas veces, que estaba chupado, que el grupo que nos había tocado con Suiza, Honduras y Chile había que pasarlo sí o sí, que después todo sería un camino de rosas. Pues no. En un Mundial todo tiene que salir perfecto y eso es muy complicado.

Nadie nos arrebataría entrar en la inmortalidad deportiva de España.

Nosotros sabíamos de ese optimismo generalizado en el entorno más cercano y en toda España. Y aun entendiéndolo, debíamos llevar mucho cuidado. Debíamos respetar a todos los rivales por igual. Y el primer y peor enemigo que teníamos éramos nosotros mismos. Si jugábamos bien, sabíamos que podríamos entrar entre los favoritos para ganar el Mundial.

El temor que me invadía no se debía al grupo de compañeros. Para nada. Ni tampoco a la gente que nos rodeaba. Tampoco. Temía el carácter español. Ni más ni menos. Si algo nos caracteriza es que pasamos del optimismo más alto al pesimismo más depresivo en un solo segundo. Basta con ver qué ocurrió durante el Mundial para comprobar que no estaba mal encaminado. El final fue bonito y eso es lo que cuenta. Si nos hubieran eliminado en alguna ronda previa, toda España se habría sentido desilusionada. La gente irradiaba ilusión por nosotros y nosotros sentíamos el peso de esas expectativas.

En todo Mundial que se precie o en cualquier evento de un mes de duración, el éxito es de todo el bloque. De todos los convocados. Todos tienen que asumir una función. No es campeón el que convoca a los 23 mejores jugadores del Mundo, porque suelen ser los más técnicos o los que marcan los goles. En un combinado tiene que haber de todo. Jugadores que sepan que van a rendir al instante para la acción por la que se les ha hecho salir. No hay tiempo de margen para esperar a nadie. Y no se tiene que notar el cambio de jugador.

Como le pasó a Javi Martínez. En el Mundial tuvo su momento cuando Xabi Alonso se lesionó. Él disputó unos minutos. Como me pasa con Mata, siento por él envidia sana por no haber podido jugar yo siquiera esos minutos. Con la posible baja de Xabi, cualquier seleccionador lo habría pasado mal, pero el hombre que llegó desde los Altos Hornos de Bilbao tranquilizó a todos con su actuación. Javi era más de estar tranquilo en su habitación, de no hacer mucho ruido y pasar casi desapercibido, hasta que pisó el campo y volcó toda la energía reunida durante la concentración.

Cuando juegas con él adviertes al instante que roba muchos balones y que tiene una gran zancada. Javi es un jugador muy trabajador cuya labor en el centro del campo es fundamental. La gente considera que es un jugador de pelea y de brega, pero tiene muy buenas cualidades técnicas. Otro que será un grande y que en Brasil no tendrá la madurez que se entiende debe tener un futbolista y que disputará, porque Javi llega seguro, su segundo Mundial. Menuda falta de experiencia... ■

Capítulo 3

Ha sido uno de los episodios más positivos del Mundial. Quizá la gente o, mejor dicho, los medios, apuntaban a que sería una concentración un tanto polémica con piques y esas cosas, pero al final, ha sido todo lo contrario. Víctor demostró un comportamiento ejemplar. Víctor Valdés demostró ser un grandísimo compañero.

"CON EL 12, LA PANTERA DE HOSPITALET, EL GENIO, EL CARÁCTER. DECÍAN QUE NOS LLEVÁBAMOS MAL, NOS LLEVAMOS MAL... LOS COJONES. ¡VÍCTOR VALDÉS!"

DEBATE INICIADO Y ACABADO

Y como lo que íbamos a hacer en esa concentración era dar los primeros e importantes pasos para intentar ganar el Mundial, teníamos que ponernos ya en faena. Cambiar el traje de guapos por el equipo de entrenamiento. Ponernos las botas. Ponernos, en el caso de los tres porteros, los guantes. Saltar al césped y vernos ya con la elástica de entreno de La Roja. El estilo lo teníamos claro desde hacía tiempo. Desde que mostramos que con el buen juego se pueden lograr los triunfos. En aquel momento debíamos intentar llegar en el mejor estado posible a Sudáfrica.

El buen ambiente reinó desde el primer entrenamiento.

La concentración comenzaba a ser la balsa de aceite que fue hasta el último instante. Se puede entender que los buenos resultados facilitaron esa labor, pero fue en el casi único momento malo cuando nos unimos más.

Y si hubo unión entre todos, más si cabe la hubo entre los porteros de la selección. Todo parecía claro. Como lo había sido en los últimos años. La jerarquía en la portería estaba encabezada por Iker Casillas. Ejerce de capitán dentro y fuera del campo. Iker ha sido uno de los máximos artífices del buen ambiente de la selección. Y, desde Inglaterra, no entendía que se le criticase tanto. Como tampoco entendía los debates sin sentido que se entablaron los días previos a la lectura de la lista sobre si Iker y yo no queríamos que viniese Víctor Valdés.

no pudieron ni rozar el buen ambiente que se vivió entre los porteros.

Como estaba en Liverpool me salvé y no tuve que escuchar semejantes tonterías, pero mis amigos me llamaban e Internet exponía un asunto que me dejaba cuando menos sorprendido. A todos quienes lanzaron esos bulos, el tiempo da o quita, como es el caso, todos los razonamientos que en aquel entonces trataron de sostener.

Se sacaron de no se sabe qué fuentes que Víctor Valdés no había sido llamado por la selección absoluta en los últimos años, pese

Valdés, Reina e Iker en un entreno con la selección.

seguro que alguien estaría deseando cada mañana que hubiese un mal gesto, una mala cara.

a las grandes actuaciones que estaba teniendo en el Barcelona, porque no asumía ser el segundo o tercer portero. Que si venía era para ser titular. También se decía, como si yo condicionara las decisiones del seleccionador, que yo lo había vetado porque, decían, cuando coincidimos en las categorías inferiores del Barça nos llevábamos mal y que siendo pequeños ya no nos podíamos ni ver. ¡Yo jugando en la Premier y teniendo un poder absoluto en las convocatorias de Vicente del Bosque! A cuadros me quedaba.

Supusimos que en cuanto se supiera que Víctor figuraba en la lista definitiva del Mundial, los «expertos» se quedarían sin argumentos. Craso error por nuestra parte haber pensado así. Ahora el debate era que Iker no estaba bien y que Víctor debía ser el portero titular, casi, por Real Decreto. Más a cuadros me quedaba.

Ya en la concentración en Las Rozas, Iker, Víctor y yo vivimos todo el debate que se había generado en los medios de comunicación españoles con total normalidad tanto trabajando como conviviendo.

Sí tengo que reconocer que no me gustó o, mejor dicho, no entendí que después de haber demostrado mi compromiso con la selección y después de haber sido cuatro veces en las cinco últimas temporadas el portero menos batido en la Premier League, no estuviese en ese debate si yo debía ser titular y sólo se hablase de Iker y de Víctor como los que podían defender la portería de España.

Pero ese «debate» sólo duró en mi mente cinco minutos. Quizá el estar jugando en Inglaterra me hiciera dudar esos cinco minutos y preguntarme por qué no estaba el nombre de Pepe Reina en los medios. Transcurridos esos minutos de reflexión, comprendí que ellos son los porteros titulares de los dos equi-

Iker, Víctor, Pepe y Ochotorena.

pos más grandes de España, de manera que los medios de comunicación españoles no dejan de hablar de los jugadores de ambos clubes. Mi estancia en el extranjero hace que mi nombre no esté todos los días en la prensa española, y los aficionados, en consecuencia, saben más lo que sucede en el Real Madrid y en el Barcelona que en el Liverpool. Como era algo normal y ante lo que yo no podía, ni quería, hacer nada, di por terminado mi debate interno y ésos han sido los cinco minutos que han pasado más rápido en toda mi carrera profesional.

A nosotros sólo nos quedaba demostrar a los dos compañeros que teníamos más cerca en cada entreno que éramos profesionales, que nos respetábamos y que intentábamos ayudar en todo lo que pudiéramos para beneficio de la selección. A Iker ya lo conocía por haber estado con él los últimos cinco años en La Roja. Con Víctor no había compartido vestuario desde hacía casi una década, desde que me fui del Barça. Me demostró ser un profesional y un trabajador impecable. La relación fue en todo momento correctísima. Él hizo mucho más fáciles las decisiones del entrenador. En todo momento el buen ambiente reinó entre nosotros, tres jugadores que saben que sólo puede jugar uno. Ésa es la ley de los porteros.

Los dos fuimos un ejemplo. Teniendo la mala fortuna, tanto Víctor Valdés como yo, de no poder participar, pese a ser los porteros titulares de dos grandes equipos. El «Santo» de Móstoles demuestra día a día que no hay discusión en su titularidad. Quisieron polemizar desde fuera, pero no pudieron ni rozar el buen ambiente que se vivió entre los porteros.

Aunque, claro, por mucho que nosotros lo viviéramos así de manera interna, a saber qué se comentaba desde fuera. Nosotros sólo podíamos mostrarlo diciendo la verdad. Hablar sin tapujos de lo que estaba pasando entre los tres. Que nadie tuviese dudas de que era cierto lo que se podía presenciar en los entrenamientos. Notábamos que siempre había alguna cámara enfocando nuestro trabajo. Siendo bien pensados, quizá esas cámaras sólo pretendían enfocar los ejercicios, pero lo cierto es que al parecer más de uno deseaba cada mañana que hubiese un mal gesto, una mala cara entre nosotros. Actitudes que en otras concentraciones y en otros países han estado o están a la orden del día. Pues, agua para los «expertos».

Así que le tocó el turno a Víctor de pasar por la sala de prensa. Pasaron los días y llegó el 1 de junio. Casi no hubo que preguntarle para que hablase claro. Zanjó el debate estéril que se había formado en el exterior con una frase que quedó grabada en la mente tanto de los defensores de Iker como de los defensores de la «pantera» de L'Hospitalet: él no iba a ser su cómplice, «No entendería que se dudase de Iker». Así, claro y rotundo.

Cualquier debate en la selección que se generase en el exterior tendría tan corto recorrido como el debate acerca de los porteros.

Y por si alguien sigue pensando que sí hubo una lucha interna entre los tres, si este pensamiento alguna vez viese la luz, podría hacer Iker el prólogo y Víctor el epílogo. Se lo propondré. Seguro que aceptarán. Esto debería cortar ya, entre alguna gente, cualquier pensamiento de mal rollo entre nosotros. Ya queda menos, este 12 de julio, para que el dolor de cabeza se me pase con el rico sabor de unas gambas y un buen platito de jamón. ■

CON EL 18, VA AL BAÑO Y VA AL SPRINT,
VA A COMER Y VA AL SPRINT,
VA A SU CAMA Y EN LA CAMA CORRE.
EL AUTÉNTICO E INIGUALABLE,
¡PEDRITO!

Capítulo 4

Una sorpresa muy grata del Mundial. Se ganó tanto la confianza del técnico que en la semifinal y en la final fue titular. Se ganó un puesto en el equipo por méritos propios en los entrenamientos y cuando tuvo que jugar. Mantuvo un comportamiento ejemplar.

PEDRO MARCA Y MARCA

Las palabras de Víctor Valdés afirmando que la titularidad de Iker Casillas no se discutía habían hecho que ese debate estéril se acabase. Valdés hizo aquella declaración después de que jugásemos el primero de los amistosos, un partido contra Arabia Saudí, y antes de que el seleccionador determinase que tanto Víctor como yo jugaríamos el segundo partido ante Corea del Sur. Bueno, más bien ya estaba decidido de antemano cómo se iba a desarrollar todo el planning en la portería. Quizá este matiz, a toro pasado, no tenga la más mínima importancia, pero sí la tuvo en su momento. Otra muestra de que cuando no se sabe algo es mejor estar callado que hablar y quedar mal una vez ocurridos los hechos.

Nos dispusimos a afrontar los primeros partidos amistosos de preparación. El hecho de ser la última selección en comenzar hizo que la planificación y la estancia en Europa se pudiesen alargar algunos días más. Teníamos que jugar dos partidos en Austria y uno en Murcia antes de volar hacia Sudáfrica.

llegar a la final del Mundial y jugarla de titular no se gana sólo porque seas buena gente y porque la gente te tiene cariño

El debate seguía alrededor de la portería. Como si su titularidad fuese razón de Estado capaz de provocar un cambio de gobierno o de resolver la crisis mundial. El partido contra Arabia Saudí acabó con un resultado de 3-2. Ya sé que no jugamos como habíamos jugado durante la clasificación y en otros partidos amistosos, pero estábamos en una particular pretemporada en la que todo estaba encaminado a llegar de la mejor manera posible al Campeonato del Mundo. De ahí que no entendiéramos que se dudase de nosotros por noventa minutos que no fueron los mejores, desde luego, pero que nos sirvieron para advertirnos que nada sería sencillo.

La temporada había sido muy dura para todos. Quien más quien menos había jugado ya más de cincuenta partidos entre los clubes y la selección. Una sobrecarga en las piernas que provocaba que el objetivo de los primeros entrenamientos no fuese tanto la preparación física como el cuidado y la preven-

En los dos partidos, las piernas no iban al mismo ritmo que las decisiones que se tomaban en la cabeza.

ción. Ya habría tiempo para que llegase la carga.

Ése fue el principal motivo por el que en los dos primeros partidos amistosos no se viese a la España que todos queríamos. Estábamos espesos, hay que reconocerlo. También es cierto que los rivales con los que nos medimos no se eligieron por casualidad. Desde hace tiempo, las selecciones que se miden con nosotros se encierran desde el primer minuto. Y, aunque sea un amistoso, si hay un combinado que defiende a muerte y sin parar de presionar ése es Corea del Sur. ¡Cómo defienden y cómo corren durante los noventa minutos! También nos costó ganar a Arabia Saudí. En ambos partidos, nuestras piernas no iban al mismo ritmo que las decisiones que íbamos tomando mentalmente. Así que estos dos compromisos llevaron a que surgieran dudas en el entorno.

Como se dudaba de Iker. Qué fácil fue decir que por no haber jugado bien un partido deberían cambiarlo... Sobre Iker no se puede hablar de un mes sino de una trayectoria. Y todos parecían olvidar la importancia de su aportación a la selección, de su liderazgo, del respeto que tanto sus compañeros como sus rivales le tenemos, de tantas y tantas cosas que Iker reúne y que no se pueden tomar a la ligera... Pero mejor dejamos de hablar del capitán, que ya tendrá su capítulo más adelante.

Formación inicial de España en Gijón en el debut de Reina como internacional absoluto. De izquierda a derecha, Reina, Joaquín, Puyol, Xabi Alonso, Marchena, Xavi, Míchel Salgado, Del Horno, Vicente, Morientes y Raúl.

Y de vuelta en este autobús en el que ahora viajo mentalmente, me centro en Pedro. ¡Menos mal que está sentado! No creo que tarde mucho en levantarse. Seguro que llega antes al restaurante corriendo que nosotros en bus. No ha parado en todo el Mundial de correr. Daba igual por donde anduviera. Daba igual lo que tuviera que hacer. En la ducha, creo que al agua no le daba tiempo a llegar a los pies. En vez de aguas menores, Pedrito debe de hacer aguas rápidas.

Desde el primer entrenamiento, el canario se entregó con sacrificio. Supo adaptarse perfectamente al grupo desdc el primer día. Y no era porque estuviese como en casa con tantos jugadores del Barcelona. Él es así. Pedrito es un tío muy bonachón. Le coges cariño desde el primer día porque es como un niño. Con Pedro fue todo muy natural. Él se ganó el cariño de la gente y del equipo.

El sueño de Reina se cumplió por primera vez en Gijón.

Pero llegar a la final del Mundial y jugarla de titular no se gana sólo porque seas buena gente y porque la gente te tenga cariño. Para nada. Esto es deporte profesional, deporte de élite y al más alto nivel. El que está y juega es porque lo vale y porque ha hecho méritos. Nadie regala estar como actor principal en la fotografía del partido más importante cada cuatro años en el mundo del fútbol en un supermercado. Al final, con la llamada de la selección, tuvo su recompensa y, además, jugó la final en Johannesburgo desde el inicio.

Una recompensa que se merecía por su buen hacer en el Barcelona. Cuando un jugador es capaz de marcar en todas las competiciones en que ha participado el Barça y es clave en los seis títulos que logró en seis meses, merece un puesto de honor en su club y otro puesto destacado en la selección.

Al menos, Pedrito, que pasaría a ser Pedro en pocos días, permitió que se olvidase en algunas tertulias el manido debate de la portería y que se centrase la atención en saber los minutos que iba a necesitar para cumplimentar ese círculo virtuoso de lograr celebrar un gol con cualquier camiseta que se ponga y en cualquier evento que se precie.

La cara de Pedro, como las caras de Víctor Valdés o Javi Martínez, al debutar con la selección española me recordaba a mi propia cara en Gijón en 2005. Allí pude escuchar por primera vez el himno español como titular de la absoluta. El rival era Uruguay y nunca olvidaré a los compañeros que estuvieron conmigo ese día desde el inicio ni los que tuvieron que esperar a que Luis Aragónes les diese una oportunidad. Era agosto de hace cinco años y, por fin, Iker Casillas dejaba un hueco para que pudiera estrenarme con La Roja. Míchel Salgado, Marchena, Puyol, Del Horno, Xabi Alonso, Xavi, Joaquín, Vicente, Morientes y Raúl fueron los titulares. Después, jugaron también Sergio, Luis García, Sergio Ramos, Antonio López, Luque, Luis García y Fernando Torres. Seis de los que están ahora conmigo, cinco años después, celebrando el Mundial.

¿Cuántas veces habré visto esa camiseta enmarcada y colgada en mi casa? Lo confieso, soy un enamorado de las camisetas de los mejores jugadores del mundo. De jugadores contra los que me he podido enfrentar y a quienes no me se me han caído los anillos por pedírsela. Tengo camisetas de Zidane, de Messi, de Drogba, de Cristiano... Vamos, un buen número que debe ir aumentando para mi particular museo. Pero la que guardo con más cariño es la que me regaló José Francisco Molina. Quizá a algunos les pueda sorprender. Todo tiene su explicación. Para mí ha sido el portero que cambió el pensamiento de los guardametas. El primer portero moderno. El saber jugar adelantado. El jugar con los pies. Lo tenía todo. Así que, con respeto y una admiración que él desconocía, aproveché un partido entre el Barcelona y el Deportivo para pedírsela, pero yo había llegado tarde: ya la tenía comprometida. Pensé que habría que esperar otra ocasión. A ver si la próxima vez yo era tan rápido como Pedro cuando juega, y me hacía con ella. No hizo falta. Se acordó de aquel joven guardameta que estaba empezando en la Primera División y me la mandó por correo. Hoy, años después, cuando nos tomamos una cerveza juntos en Ibiza o en Madrid recordamos esa anécdota. Hoy, años después, le sigo pidiendo consejo porque sigue siendo un referente en mi carrera. ▪

Reina fue titular ante Arabia Saudí, en el choque de preparación para el Mundial. Junto a él, Fernando Llorente, Albiol, Iniesta, Cesc, Mata, Capdevila, Javi Martínez, Marchena, Jesús Navas y Sergio Ramos.

Capítulo 5

Un gran amigo.
Una persona muy cercana a mí. He estado con él en los momentos duros de su recuperación. Ha pasado muchísimas horas en un gimnasio y en una camilla. Y todo para que el país pudiera contar con él. Ese esfuerzo no ha sido en vano. Al final, ha tenido su recompensa. Fernando es el primero que se merece ser campeón del Mundo. Él nos hizo creer, realmente, que esta selección podía ganar algo importante con su gol en la final de la Eurocopa ante Alemania. Que ese título europeo podía ser el primero de una lista importante.

"CON EL 9, TODO EMPEZÓ HACE DOS AÑOS Y TRECE DÍAS MARCANDO EL GOL A ALEMANIA, NOS HIZO SOÑAR, NOS HIZO CREER Y POR ESO HEMOS GANADO ESTA COPA.

¡FERNANDO TORRES!"

EL ESFUERZO TIENE RECOMPENSA

Pedro marcó en el último partido amistoso que jugamos antes de marchar para Sudáfrica. Pero toda la atención estuvo centrada en la recuperación de Fernando Torres. No fue su debut, ya lo había hecho hacía años, pero después de haber pasado unos meses muy duros, prácticamente sintió que debutaba y entonces comprobó que, al final, todo el esfuerzo que había hecho en Liverpool había tenido su recompensa.

Torres abraza a Reina en la celebración en Madrid de la Eurocopa 2008.

En este autobús que separa la «millonaria» celebración de la privada, miro a Fernando con su bandera del Atlético de Madrid y me vienen a la mente todas y cada una de las más de ocho horas diarias que ha estado trabajando en Melwood para que nuestro sueño fuese una realidad. Vale que todos nos merecíamos este título. Aunque creo que The Kid algo más. ¡Qué digo! Bastante más.

Él fue quien nos dijo sin necesidad de hablar, con su gol en la final de la Eurocopa en Viena, que nos debíamos sentir campeones porque lo éramos. Él nos hizo sentir en la cima de Europa y que, ahora sí, nos tomasen como favoritos, pero no porque España siempre estuviera en todas las fases finales sino por méritos propios. Eso sí, una cosa es la Euro y otra, muy distinta, el Mundial. En ningún sitio regalan nada. Pero, en verano de 2010, sí que se llegaría a la cima absoluta en caso de conseguirlo.

El grado de compromiso de Fernando con todo lo que hace es extraordinario.

La cita ante Polonia se celebró en Murcia. En todos los sitios a los que vamos nos tratan muy bien, pero allí el trato fue de lujo. Encima, ganamos muy bien con un 6-0 que despejó cualquier duda. Pudimos hacer las maletas para viajar, al día siguiente, a África con una mejor sensación. Se había acabado esa particular pretemporada y nos centrábamos ya en el Mundial.

Tanto Víctor Valdés como yo teníamos asumido que Iker era el portero titular de la selección. Eso quería decir que nuestra participación en cuanto a minutos en un partido ya se había terminado. Alguien puede preguntarse por qué el portero titular del Barcelona y el del Liverpool se «conformaban» y no luchaban por quitarle el puesto al capitán. Quien no esté en un vestuario quizá no pueda entenderlo. O, para qué nos vamos a engañar, si no eres portero, será complicado comprender nuestra actitud.

Ahora, me vienen a la cabeza muchas frases de los entrenadores sobre la portería. Si hay un puesto en el que el técnico tiene que tener plena confianza es en el de portero. Un fallo puede echar por tierra todo el trabajo que ha realizado el colectivo. Víctor y yo teníamos la suficiente autoconfianza para saber que podríamos jugar, pero pasado ya un tiempo y después de haber visto en el Mundial los problemas que habían tenido seleccio-

Torres y Reina comparten entrenamientos y vivencias tanto en el Liverpool como en la selección española.

Desde España le recomendaban que acabase cuanto antes con sus problemas de rodilla y pasase por el quirófano. Desde Inglaterra, que se olvidase de Sudáfrica.

nes como Inglaterra, nos hizo sentirnos mucho más poderosos a la decisión que había tomado el cuerpo técnico.

No quiere decir esto que íbamos a ir a Sudáfrica a pasar el mes. Todo lo contrario. Los entrenamientos fueron muy intensos. Y el Santo de Móstoles estaba cada vez mejor. Él se conoce mejor que nadie y sabía que debía estar bien cuando el avión llegase a Pochestroom.

Y si se suele decir que un equipo es grande si tiene un gran portero y un gran «9», en España estábamos muy tranquilos porque teníamos un gran guardameta y un gran goleador. Sobre todo al ver que Fernando estaba ya en el momento perfecto y en el sitio adecuado. Tras el partido ante Polonia, él se mostraba muy feliz. Incluso, creo, más de lo que él mismo creía. Jugó sus minutos y pudo marcar su gol. Mejor imposible. Ahí dio un paso decisivo para sentirse, otra vez, un futbolista importante.

Todos necesitábamos a Fernando. Además de cumplir los plazos, con su gol nos dijo que todas las piezas estaban ya en estado de revista. Que el bloque que había confeccionado el cuerpo técnico encabezado por Vicente del Bosque estaba a su disposición. Que no había que hacer ninguna modificación en las horas previas a viajar a Sudáfrica. Habíamos estado esperándolo y, al final, al Niño le dio tiempo de poder llegar a facturación, dar su localizador, que le entregasen la tarjeta de embarque y subirse en el avión con el resto de nosotros.

La temporada, o mejor dicho el final de la misma, no había sido nada sencilla ni para él ni para nuestro propio equipo. El grado de compromiso de Fernando con todo lo que hace es extraordinario. Lo fue en el Atlético de Madrid al asumir la capitanía cuando casi no podía sacarse todavía el carné de conducir. Lo fue cuando se decidió por el Liverpool para ayudar al equipo de sus amores con un traspaso muy importante. Lo fue cuando aterrizó en Anfield y al primer día ya se había ganado a todos por su sencillez. Lo está siendo, en estos momentos, día a día con el club y con la selección.

Y su mismo compromiso le hizo dudar. Quiso contentar a todos. No quería fallar en Anfield. En esa ciudad se siente verdadera admiración hacia él. Cuando marca o cuando el público

Reina conversa con el Príncipe Felipe en presencia de Torres tras ganar la Euro.

ve que debe animarlo le cantan una canción que le han compuesto sólo para él. *The Armband Song* (La canción del brazalete) la compuso y la canta The Kop casi desde que aterrizó en Liverpool. Tres temporadas después la siguen cantando.

Por todo esto, Fernando no nos quería dejar en la estacada cuando estábamos jugando todavía la Europa League y, sobre todo, intentábamos meternos cuartos para jugar la Champions, pero también sabía que si apuraba, se podría romper y decir adiós al Mundial.

Desde España le recomendaban que acabase cuanto antes con sus problemas de rodilla y pasase por el quirófano. Desde Inglaterra, que se olvidase de Sudáfrica. Que como había estado toda la temporada renqueante, no debía ir con la selección. Y, en medio, Fernando. Hasta que el Liverpool le facilitó la decisión que debía tomar. El club entendió que lo mejor era que parase. Que hiciera todo lo posible por recuperarse lo antes posible. Se corría el riesgo, como así fue, de no meternos en la Champions. Y quisieron correrlo. Preferían eso a que una nueva lesión lo hubiese apartado más tiempo del equipo y que su goleador no estuviese en el Campeonato del Mundo.

Agradecido, se operó y estuvo más horas en Melwood y en Galicia, para fortalecer la rodilla, que las que implica la jornada laboral de un futbolista. Lástima que en el último sprint de la final se rompiese, pues a pesar de saber ahora que tendrá para poco tiempo, quién olvida su rostro de preocupación cuando acababa de ganar la final. Qué mala suerte que se rompiese precisamente quien tanto había facilitado todo para sentirse campeón del Mundo. El que más se lo merecía. ■

> CON EL 14, EL PULMÓN, CON HERIDAS DE GUERRA POR SU PAÍS, POR ESPAÑA.
>
> ¡XABI ALONSO!

Capítulo 6

La persona más inteligente del equipo. La que tiene más cultura fuera del fútbol. Y con una grandísima inteligencia dentro del campo. He tenido la oportunidad de aprender de él mucho en estos cinco años. En Liverpool me enseñó a ser mejor persona. A ser un poco más completo y a entender mejor el fútbol. Él se entiende también muy bien conmigo y tenemos una muy buena relación.

Le gusta el tema de la portería. Xabi va más allá de lo que la gente pueda ver en un portero. Sin duda, un futbolista muy inteligente. Está por encima del resto.

EL AVIÓN DE LA ILUSIÓN

A lo mejor resulta un tanto presuntuoso por nuestra parte confesar que preparamos la maleta para estar un mes en Sudáfrica. Nosotros lo teníamos claro. Y, si bien esa maleta cargada para un mes no aseguraba nada, nos hacía sentirnos bien. Sabedores de que, en un Mundial, el cuarto puesto de Brasil 1950 era la mejor clasificación. Eso quería decir que la inmensa mayoría

GAUDÍ
AIRBUS A340-600
MIEMBRO DE
IATA
IBERIA
3036

Los jugadores de la selección posan junto a Vicente del Bosque instantes antes de subirse en el avión que los trasladó hasta Sudáfrica para la disputa del Mundial 2010.

de los españoles no había visto a la selección luchar ni siquiera en semifinales. Sólo los que rozan o pasan de los setenta años podrían tener un recuerdo «en directo» de esa hazaña.

Sin duda aquélla fue la maleta de la ilusión. Como deportista profesional, he hecho muchas maletas y muchas más por alguna que otra mudanza que me ha tocado hacer con los cambios de residencia. De pequeño, de Madrid a Barcelona. Del Camp Nou al Madrigal. Y de Villarreal a Liverpool. Y me puedo sentir un privilegiado por los pocos cambios que he llevado en mi carrera. Otros compañeros lo hacen cada año y casi no les da tiempo ni a asentarse en una ciudad cuando ya se tienen que ir.

Los jugadores del Liverpool celebran el título de la FA Cup.

Mi mirada, en este momento, se va hacia Xabi Alonso. La persona más inteligente que yo he conocido como futbolista. Toda la cultura que tiene fuera del campo la traslada al césped para el beneficio del equipo. No es este instante viendo lo que hace en el autobús lo que me hace detenerme en él sino el recuerdo de cuantísimo me ayudó cuando aterricé en Liverpool. En 2005 también llené una maleta de ilusión. Aquella ciudad extranjera en la que me instalaría ya comenzaba a oler por todos los rincones a España. El Spanish Liverpool de Rafa Benítez acababa de ganar la Champions y un joven portero como yo, que no había jugado aún con la absoluta de España, llegaba a la gran ciudad de los Beatles. Era un sueño para mí. Y gente como Xabi me hizo ver muy rápido que era una realidad y que estaba en mis manos el aprovecharla.

Sabíamos que podíamos formar parte de la historia.

No sólo fue importante para mí a nivel futbolístico y profesional. Xabi también me enseñó a ser mejor persona y a entender, pese a no ser inglés, lo que significaba jugar en Anfield y sentir que ya ibas a ser parte de la historia.

Como nos pasaba a nosotros. Sabíamos que podíamos formar parte de la historia. Aquella en la que España estaba deseando ingresar y que, en ochenta años de Mundiales, nunca lo había podido hacer. Por circunstancias diversas, España nunca había tocado la gloria en este deporte.

En los respectivos domicilios y ya en el hotel antes de partir para Sudáfrica, cada uno hizo su maleta. Además de las prendas propias que un jugador no debe olvidar –las botas, los guantes en el caso de los porteros–, también incluimos en el equipaje particular y colectivo mucha ilusión. Todos pusimos el mismo ingrediente en cada parte del equipaje. En mi caso, al igual que en el caso de mis compañeros, casi no nos cabía nada más que la propia ilusión.

Yo me sentía como un niño con zapatos nuevos que se quiere ir de viaje de fin de curso con sus amigos y vivir una experiencia maravillosa en un país que no conoce. Bueno, en nuestro caso, lo habíamos conocido hacía un año en la Copa Confederaciones. Pero no se puede comparar un viaje con otro ni la experiencia de un evento con el que estábamos a punto de comenzar a disfrutar con aquella experiencia sudafricana primera. Al menos, nosotros creíamos que era para disfrutar.

Sabíamos que viajábamos con el apoyo de todo un país. Y, naturalmente, sentíamos el peso de la responsabilidad: no debíamos defraudar, debíamos trabajar bien. No podíamos fallar.

Y, claro, además de la ilusión, las botas y los guantes, había que meter algunas cosillas más para esas horas en las que no hay entrenamientos y te apetece ver una película a solas o en grupo. El ordenador es ya un objeto fundamental en cualquier concentración que se precie. Tampoco olvidé una baraja de cartas. Siempre viene bien para «fomentar» el espíritu de grupo y competitivo del colectivo y, para qué nos vamos a engañar, para divertirse limpiando a algún compañero... A él no le haría gracia, pero es lo que hay. Así que el tapete es lo primero que metí en la maleta.

En este colectivo sabemos y valoramos en su amplia medida que es tan importante entrenar bien como descansar bien. Y tan importante estar serios cuando toca estar serios como estar alegres cuando la ocasión lo merece.

Y también sabemos lo importante que es saber agradecer y aprovechar los amuletos que te entregan los aficionados, amigos o familia. Precisamente, el último regalo que nos hicieron en Murcia fue lo último que metí: la Cruz de Caravaca. Los creyentes, como es mi caso, sabemos que desde arriba nos está protegiendo el «Fenómeno», y para este viaje y esta experiencia nos tenía que echar una mano. Por eso, me hizo especial ilusión que nos regalasen esa cruz.

Autobús del Liverpool para celebrar la FA Cup.

Seguía mirando a Xabi Alonso y recordaba los momentos vividos en Liverpool durante estos cinco años. Y todo porque en Villarreal las cosas salieron, para qué engañarme, bastante bien. Desde el primero hasta el último día. Desde que pude hacerle ver a mi padre que era la mejor decisión posible y me marché del Barça hasta el día de mi despedida del Madrigal. Viví un fin de fiesta soñado.

Reina detiene como portero del Villarreal una internada de Ronaldo (Real Madrid).

Nos jugábamos meternos en Champions. Quizá para un club grande era algo normal. Para nosotros, una hazaña y un importante paso más hacia la consolidación del club. Además, Diego Forlán se jugaba ser Bota de Oro europeo. Demasiados alicientes para que nadie se fijase en que podía ser, como así fue, mi último partido de amarillo.

Jugamos contra el Levante y el campo estaba lleno. No era para menos. Ganamos 4-1 y nos metimos en la Champions. Forlán marcó dos goles y le ganó la Bota de Oro a Eto'o. La felicidad parecía completa. No se había dicho que me iba, pero estaba más o menos claro y en el ambiente se sabía.

Mi familia estaba en la grada. Todos habían venido a verme. La sorpresa fue cuando, al acabar el partido, miré a la grada y vi a mi mujer, a mi hermano Miguel, a mi cuñada y a mi sobrino formando los cuatro con las letras P-E-P-E. Además, hicieron una pancarta agradeciendo a todos los que nos íbamos ese verano el tiempo que habíamos estado en Villarreal. Marcos Senna la cogió y se la llevó al vestuario.

el último regalo que nos hicieron en Murcia fue lo último que metí: la Cruz de Caravaca.

La despedida fue muy emotiva y... no acabó ahí la noche. Nos fuimos a cenar y a celebrar la clasificación. Tuvimos que salir al balcón del Ayuntamiento. Los aficionados me gritaban que me quedase. Hasta se cantó flamenco para festejar el mayor éxito del Villarreal. Dejaba a un equipo modesto que se había metido de lleno con los grandes en España y en Europa y me iba a la entidad que hacía unos días había ganado por penaltis la Champions tras empatar un partido que perdían 3-0. Curiosamente, Xabi Alonso marcó el 3-3 después de anotar en el rebote un penalti parado por Dida al propio Xabi. Aunque hablando de penaltis parados, ese año detuve siete de los nueve que me lanzaron. Todo vale para el éxito. ■

Pepe Reina en un partido con el Liverpool en Anfield.

CON EL 21, DESDE CANARIAS,
CON SU SAMBITA, CON SU GUASA,
CON SU ARTE. POR AQUÍ, POR ALLÍ,
EL AMAGO, AHORA SÍ, AHORA NO,
TE LA METO, CÓGELO.
EL PONI, MIDE 1,40.

¡DAVID SILVA!

Capítulo 7

Partía entre los posibles titulares. De hecho, David Silva jugó el primer partido. Y la gente terminó considerándolo el jugador que pagó los platos rotos por haber perdido ante Suiza. Nada más lejos de la realidad. Si de por sí ya era difícil jugar en un equipo con tantos hombres tan buenos en la delantera, David tuvo que aguantar que no se contara con él y, aun así, en los entrenamientos, nadie podría afirmar que había perdido ese estatus de titular. Siguió peleando como el que más.

POCH

Ya habíamos estado en Sudáfrica hacía un año. La experiencia de la Copa Confederaciones nos había servido para conocer un tanto los estadios y el ambiente, así como las temperaturas con que nos encontraríamos. Corría el invierno y entonces comprendimos los problemas que les suponía a los sudamerica-

Reina jugó la Copa Confederaciones. Fue titular con Riera, Albiol, Piqué, Busquets, Torres, Xavi, Cesc, Villa, Arbeloa y Puyol.

el 30 de junio, con el visto bueno del seleccionador, tanto el Valencia como el Manchester City anunciaron su traspaso.

nos el cambio de «estación» cuando dejan por un tiempo sus equipos europeos y viajan para jugar con su selección al otro lado del Atlántico. Nosotros confiábamos en contar con un periodo de adaptación lo más dilatado posible: a poder ser, un mes...

Al intentar hacer el particular recorrido por los compañeros en este autobús, trato de recordar cómo llegamos a Poch en David Silva. El Poni fue protagonista por varios motivos en Sudáfrica. Tanto por el presente que estaba viendo como por su futuro. Al pobre, cada vez que hablaba con la prensa, le preguntaban más por el lugar al que iba a ir a jugar tras dejar el Valencia que por lo que esperaba del Mundial. Y así fue hasta que el 30 de junio, con el visto bueno del seleccionador, tanto el Valencia como el Manchester City anunciaron su traspaso. Creo que fue una liberación para él. La misma, creo, que logró David Villa antes del Mundial cuando se hizo oficial su fichaje por el Barcelona. El Guaje sólo pensaba en lo que iba a hacer en Sudáfrica. Lo demás, ya lo tenía resuelto. Como les sucedía a la práctica totalidad de los jugadores de la selección.

Ya instalados en el país que nos llevaría a la gloria, dictaron una prohibición que a mí no me afectó lo más mínimo: durante la concentración no se podían utilizar las redes sociales. Vale, lo confieso. Para mí es un mundo completamente desconocido.

No participo ni en Facebook ni en Twitter ni en historias semejantes.

Con una sola mirada nos entendemos todos.

Por lo que ellos me cuentan, a mis compañeros les sirven para actualizar un poco lo que te pasa a fin de tener informados a tus seguidores. En el vestuario hay auténticos maestros en estas redes sociales. Puyol, Arbeloa, Iniesta, Cesc... están tecleando todo el día. Cuando entre ellos hablan de estas cosas, yo ni intervengo y voy a otra conversación. Estoy muy pez.

A pesar de ello, todos se lo tomaron con naturalidad. Después de ver lo que estaba pasando en otras selecciones, creo que fue la mejor decisión posible. No por nada en especial, pero sí para que todo fuese un tanto más tranquilo. Como al final todo fue.

A mí, hace tiempo, ya me pegó la «cornada» la tecnología y no me preocupo. Para eso tengo al Guaje Villa, que se encarga de proporcionarme todas las novedades que van apareciendo en el mercado. Tanto como que me ha convencido para tener un iPad. Él se encarga de cargarme toda la música, los vídeos y las películas. Como nos llevamos tan bien, ya sabe mis gustos y no suele equivocarse en sus elecciones. Aunque también Sergio Ramos tiene gran parte de culpa de que mis horas de soledad o de concentración en una estancia tan larga no sean tan aburridas. Comparto su gusto por el flamenquito y sabe cuál es la mejor música para cada momento.

Quizá se trate de uno de los grandes éxitos de esta selección. No somos hombres desconocidos que se reúnen a jugar y ya está. Ante todo somos amigos. Con unos te llevas mejor que con otros, pero yo entendí hace tiempo que en un vestuario pasas más tiempo que en tu casa. A Villa lo conozco desde hace diez años. A Sergio Ramos, unos siete. Con Víctor Valdés, pese a que sea la primera vez que viene a la selección, he compartido sueños y experiencias desde los trece años hasta que me fui del Barcelona. Con una sola mirada nos entendemos todos.

Cualquier acto que hagamos, allí estamos si las conexiones nos lo permiten. Con Xavi, con Puyol, con Marchena... Bueno, con todos los que están aquí, los que han recorrido el camino para que nosotros podamos estar aquí y con otros compañeros con los que he coincidido a lo largo de mi carrera.

Como en todas las profesiones, sin duda habrá de todo, pero al ver las caras de mis compañeros en este autobús y al recordar cada momento de este último mes, concluyo que somos gente normal y corriente. Sabemos que somos unos privilegiados por hacer lo que realmente nos gusta. Y la suerte es que hemos coincidido personas muy normalitas. Cuando se crea un tópico sobre una profesión determinada, cuesta desmontarlo. En este grupo sabemos que no hay ninguna estrellita. Creo que no sólo lo hemos demostrado durante el mes y medio de concentración.

También con Luis Aragonés se creó un equipo de fútbol. Y de eso se trata. De jugar como si trabajaras a diario con todos los miembros de la selección y no, como realmente ocurre, únicamente una vez al mes.

Pepe Reina realiza una parada en un entreno en Poch.

Como veo también sólo una vez al mes a los periodistas que cubren habitualmente la información de la selección. Al estar en Liverpool, mi contacto con ellos, en la mayoría de los casos, se limita a las concentraciones y partidos con España. En este momento, también me gustaría agradecerles la labor que hicieron. El buen rollo y el feeling fueron constantes del primero al último día.

Y cómo olvidar cómo nos defendieron incluso después de perder el primer partido. Vamos, igualito que lo que ocurrió en Francia o en Argentina. Leíamos por Internet lo que se publicaba en otros países de sus selecciones y no queríamos ni pensar que eso mismo pudiera pasar alguna vez con nosotros. Francia había vivido una huelga y los jugadores se negaron a entrenar. En Argentina todo eran críticas y palos a Maradona por su gestión del colectivo. En Italia se sucedían situaciones desagradables que nadie querría para sí mismo. Ni los rumores de ofertas ni las confirmaciones de traspaso de un compañero u otro nos distrajeron. David Silva fue el único que tuvo que soportar tal incertidumbre. Además, le llegó en un momento en el que llegaba a Sudáfrica como titular teórico y fue perdiendo su puesto en el centro del campo.

Pese a esta circunstancia, sobre todo con la ayuda de Marchena y Mata, siempre muy cerca de él, demostró ser un ejemplo más de que en esta selección sumamos todos en la misma dirección. El jugador que termina no jugando sabe que tiene que trabajar como el hombre que termina saliendo al campo. David, cariñoso, respetuoso y agradable, no dejó de ser David ni un instante pese a verse que no estaba en los equipos titulares.

Ahora que lo veo en Madrid como campeón del Mundo y sabiendo que lo voy a tener este año como rival en la Premier con el Manchester City, me acuerdo de las semanas previas a mi marcha del Villarreal al Liverpool. Pocos entrenadores he visto tan pesados como Rafa Benítez para conseguir el «sí» de un jugador. Ellos se jugaban ser campeones de Europa, y finalmente lo fueron. Nosotros, en Villarreal, nos jugábamos poder participar en Champions. Pero todas las mañanas me llamaba para convencerme de que me quería en Anfield. Yo lo tenía claro y el club, también, pero continuó insistiendo y finalmente consiguió mi respuesta afirmativa.

Pudieron ser momentos de duda. Cambiar no ya una ciudad sino un país. Dejar Villarreal por el que, en esas semanas de 2005, se proclamó campeón de Europa. Cada día que pasa, y más estando en este autobús como campeón del Mundo, estoy más orgulloso y satisfecho de la decisión que tomé. Seguro que Silva lo estará en cuanto se adapte a Inglaterra. ■

CON EL 11, EL DUEÑO DE LA BANDA IZQUIERDA, EL INCOMBUSTIBLE, EL FENÓMENO, EL FEO DE COJONES.

¡JOAN CAPDEVILA!

Capítulo 8

Joan es otro fuera de serie. Con Joan siempre digo lo mismo. En el fútbol tienes que estar ahí. Y cuando has jugado tantos partidos, has marcado tantos goles siendo lateral izquierdo, los números hablan por sí solos. Capdevila es un jugador que no te da un 10, pero nunca te baja de un 7. Con esa regularidad y con ese compromiso está en todas las quinielas y, al final, acaba jugando siempre.

VER A LOS RIVALES

Para algunos, jugar en la última jornada de la primera fase es positivo, pues te permite observar cómo juegan todas las selecciones del Mundial y comienzas a hacerte una idea del conjunto. Para otros, en cambio, jugar esa última jornada provoca mayor tensión en el equipo durante las horas previas o los días previos al inicio de tu propia participación en una competición tan importante como el Mundial.

A nosotros, particularmente, nos permitió ser los últimos en aterrizar en Sudáfrica. Justo un día antes del comienzo del

Campeonato del Mundo. La prensa española, como es lógico, estaba pendiente de nosotros, pero la prensa internacional atendía los partidos de los días anteriores.

Y si se hacen quinielas de quiénes son los favoritos, también se hacen quinielas sobre quiénes jugarán en cada selección. En España parece que hay posiciones muy definidas. Otras que, para los espectadores, no lo son tanto. Aunque, curiosamente, una de estas últimas es de las más claras para los últimos seleccionadores. Cuando se habla del lateral izquierdo, en algunos sectores no se le da una importancia destacada. Casi que no importa quién cubra esa posición. Pues tanto Aragonés como Del Bosque han tenido claro que el titular es Joan Capdevila.

Por su importancia dentro del juego y por lo que significa fuera, Joan ha protagonizado alguna de las mejores anécdotas de todo el Mundial y en todas esas anécdotas muestra que como persona es un fenómeno. Ahora, en el autobús, lo miro y recuerdo un sinfín de imágenes con él como protagonista.

Verlo, tras conquistar el título, con el cubo de Budweiser en la cabeza buscando, como dijo, a Shakira, no tiene precio. Me dijeron que hasta salió en televisión así entrevistado por Sara Carbonero. Cuando volví del control *antidoping*, el cubo de cerveza todavía seguía en su cabeza. En ese momento Joan era el tío más feliz del mundo. Y, conociéndolo como lo conozco, debo decir que él es el primero que sabe estar en cada instante como corresponde y, tras ganar el Mundial, lucir así con el cubo era de las cosas más «normales» que podía hacer. Y disfrutó como un niño pequeño.

Reina da instrucciones a sus compañeros en el Liverpool.

con el cubo de Budweiser en la cabeza buscando, como dijo, a Shakira, no tiene precio.

Hasta que llegó el debut de España, pudimos comprobar que las selecciones más fuertes estarían en la siguiente fase. Y no hablo de fuertes por el nombre sino por cómo habían llegado a Sudáfrica y por lo que habían demostrado en las semanas previas.

Mientras que las selecciones jugaban e intentaban ganarse el cartel de favoritos que todo el mundo nos había colocado como un sombrero en la cabeza, nosotros entrenábamos. Y, aprovechando los momentos de descanso y de hotel, nos «repartíamos» entre el resto de la selección el dinero de Capdevila. No es que nosotros le obliguemos a nada, pero él ya tiene un ritual cada vez que hay una concentración de la selección.

Gentil, el primer día nos hace entrega de quinientos a mil euros, según el tiempo previsto de concentración, para poder jugar a las cartas, al bingo o a lo que se tercie. Y su generosidad se explica porque sabe que si bien no ganará nada, esa participación en la dinámica del grupo le hace feliz. Imagino que alguna vez ganará algo, pero se van sucediendo las concentraciones y termino dudándolo. Para que luego digan de la tacañería de los catalanes.

Admiro enormemente la capacidad que tiene para estar ahí. En el fútbol, como en la vida, tienes que aprovechar el momento que te brindan. Y Joan lo ha hecho desde que debutara en Primera. Ha pasado por varios clubes como el Espanyol, Atlético de Madrid, Deportivo de La Coruña y, ahora, Villarreal. Siempre con unos números excelentes para ganar un mejor contrato.

quizá, a sus 32 años, sea un fiel reflejo de lo que nos ha pasado siempre a los futbolistas españoles. Nunca nos hemos creído los mejores.

Quizá él sea el ejemplo de la llamada «clase media», tan necesaria para que un bloque logre los objetivos que se marcan. Una selección no puede ganar con once estrellas. Necesita jugadores que no alcancen la excelencia pero que nunca bajen del notable. Esa regularidad hace que siga siendo el lateral izquierdo titular de La Roja.

Y quizá también Joan, a sus treinta y dos años, sea un fiel reflejo de lo que nos ha pasado siempre a los futbolistas españoles. Nunca nos hemos creído los mejores. En Sudáfrica teníamos la oportunidad de demostrarlo a todo el planeta y, sobre todo, a nosotros mismos. Él, que lleva ocho años en la selección absoluta, que en el partido de cuartos de final cumplió sus cincuenta encuentros con La Roja, que ha sido, junto a Casillas y Piqué, el único que ha jugado todos los minutos de este Mundial, me preguntó, antes de la semifinal contra Alemania, cómo se ganaba ese partido.

La situación fue curiosa, como todas las que protagoniza Capdevila. Instantes previos a jugar contra Alemania, como suelo hacer, me quedé para animar a los que van a jugar. Y a Joan lo vi dudando. Se me acercó y me dijo: «Pepe, ¿estos partidos cómo se juegan?».

Mi extrañeza fue total. No sabía qué responderle. Y le dije: «Como lo has jugado el resto de tu puta vida. Éstos son los partidos más fáciles de jugar».

Él insistía: «Ya, pero como tú has jugado semifinales y finales, pues...».

Nada, nada. «Que salgas y disfrutes. Vamos a ganar porque somos mejores que ellos», le dije.

Dio la sensación de que no se quedó satisfecho. Porque me volvió a hacer una nueva pregunta. «Pero, ¿no hay que hacer nada especial...?»

Quizá alguien creyera al verlo que Joan estaba preocupado, pero nada más lejos: Capdevila lo preguntaba con esa ilusión propia de un niño que desea jugar ese partido y quiere tener toda la información posible para poder ganar y participar en una final espectacular.

Y ése es el sentimiento de este colectivo: deseamos disfrutar cuando jugamos, tanto como disfrutamos cuando aprendemos cómo juega el rival para contar con la mayor información posible. Y todo ello, siempre, con la misma guía que nos dirigió al éxito: la humildad. Sabemos que debemos trabajar más que nadie. Sabemos que el trabajo y el buen ambiente deben cosechar sus frutos apetecidos. Así nos fue bien en la Eurocopa y, si he terminado subido en este autobús después de haber visto a más de un millón de personas por las calles de Madrid, se debe a que el camino y la ejecución han sido los correctos. ■

> CON EL 10, QUE NO QUIERE QUE LE DIGA "EMPANAO", PERO BUENO... CON EL 10, TIENE UN CORAZÓN. CON EL 10, EL FUTURO DEL BARÇA, EL FUTURO DE ESPAÑA.
>
> **¡CESC FÁBREGAS!**

Capítulo 9

Cesc es un futbolista muy importante en Reino Unido. Quizá en España no se tenga la visión que podemos tener quienes vivimos en Inglaterra. Cesc es idolatrado en el Arsenal, donde juega desde hace seis temporadas. Con veintitrés años, lleva dos Mundiales jugados y una Eurocopa. Las cifras son de locura: ¡juega en el fútbol de élite desde los quince años!

NORMAL QUE NOS TILDEN DE FAVORITOS

El Mundial ya había comenzado, pero nosotros debíamos esperar hasta el último día de esa primera ronda para debutar. Durante esos días, daba igual quien hablase. Daba igual quien preguntase. Daba igual si el entrevistado era un jugador de España, de Argentina, de Brasil o de Australia. Daba igual que fuese un ex futbolista, un ex seleccionador o, simplemente, un aficionado de la calle. Si en los últimos meses había sido la pregunta más recurrente, cómo no iba a serla en los primeros días del Campeonato del Mundo. No sé cuántas veces la habré escuchado. Casi que me retumba en la cabeza cada vez

Como en el caso de Cesc, Mikel es el capitán de su equipo. Y los brazaletes no se regalan en ningún lugar y menos en Inglaterra.

que me acuerdo de ella. Y no por el dolor de cabeza que me sobrevino en el autobús. ¿Quién es el favorito? Una y otra vez oía esa pregunta. Una y otra vez la veía en cualquier página de Internet.

Todos o, bueno, casi todos daban a España como el máximo candidato. A mí me aterrorizaba sentir que jamás habíamos ganado un Mundial y se hablaba de nosotros como favoritos como si ya hubiéramos conquistado el título en varias ocasiones y con facilidad... Acabábamos de ganar la Eurocopa, pero eso era muy distinto.

Examinando los números, ese cartel de favoritos resultaba bastante lógico. Nosotros éramos el número uno en el ranking FIFA. En dos años sólo habíamos perdido un partido. Ganamos los diez encuentros de la fase de clasificación para el Mundial. También vencimos los tres partidos amistosos previos a viajar a Sudáfrica. Los datos, los números y el fútbol estaban ahí. Al final, siempre recelas un poco de ser el favorito. Una presión añadida bastante estúpida. Lo peor que puedes hacer es creerte favorito.

El equipo era conocedor tanto de todos los comentarios como de las apuestas. Afortunadamente todos nosotros nos mostramos humildes y continuamos sintiendo gran respeto por todos los rivales.

En un Mundial todo tiene que salir perfecto. Desde las acciones más físicas hasta el más mínimo detalle que termine dándote suerte. Que un palo se te convierta en un gol. Que un árbitro tome una decisión buena o mala. Todo ese cúmulo de cosas influye. Como también influyen los jugadores con que cuentas y la dirección de todos ellos.

Grecia, la hija de Pepe Reina, con el 25 a la espalda.

Ahora, tras haberlo conquistado, miro a todos mis compañeros y me tengo que parar en Cesc Fábregas para tener una de las mejores explicaciones del porqué nos tildaban de favoritos. Si él no es titular indiscutible en un colectivo semejante, habla bien a las claras del potencial de la selección. Sobre todo en el centro del campo, donde hemos puesto, realmente, nuestra seña de identidad.

Al observarlo, tras haberle pasado ya un tanto el susto que le han metido Puyol y Piqué al ponerle la camiseta del Barcelona en la celebración en el Manzanares, veo en él a un veterano: dos Mundiales y seis años en uno de los equipos más importantes del mundo y no sólo salta al campo del Emirates Stadium sino que salta como idolatrado capitán del Arsenal.

En España no se entiende el fenómeno que representa Cesc. En Inglaterra no entienden que no sea titular. Pero, claro, quitarle el puesto a Xavi o a Iniesta son palabras mayores. A Cesc lo veo como el futuro grande de la selección y del Barcelona. Aunque, qué digo futuro, si es un grandioso presente, al menos en La Roja. Parece que lleve jugando en la élite quince años y le quedan, como mínimo, otros diez al más alto nivel.

Y si hablamos de que es normal que a España la consideraran favorita para ganar el Mundial, más si cabe por los que se han tenido que quedar fuera de la convocatoria. Si en Inglaterra no entienden que Cesc se quede en el banquillo, menos entienden aún que Mikel Arteta no haya sido convocado para la absoluta ni una vez en toda su carrera futbolística.

Los aficionados ingleses se quedan estupefactos y me preguntan los motivos por los que «el mejor español en la Premier» no va a la selección. Vale, el que me lo dice es un masajista que tenemos en el Liverpool porque es un fanático del Everton. Lo único que le puedo contestar a Smally son estas palabras: «Con el centro del campo que tiene ahora la selección española, es muy difícil poder jugar o ser convocado». Lamentablemente, él lo merece. Lleva mucho tiempo fuera de su casa demostrando lo gran jugador que es y su valía en una liga como la Premier. Como en el caso de Cesc, Mikel es el capitán de su equipo. Y los brazaletes no se regalan en ningún lugar y menos en Inglaterra. Lucir ese brazalete no sólo refleja la veteranía de años sino la comprensión de los valores del club. El capitán debe entender que él es la imagen de esa entidad. No sólo representa a su equipo. Representa todo un sentimiento. Como lo es Gerrard en el Liverpool. O lo es Iker Casillas en la selección. Lucir ese brazalete en el brazo supone tener la confianza del entrenador, de los compañeros y del público.

Ahora, en Inglaterra, se ha abierto un debate. Se abrió para la portería con Manolo Almunia y se está abriendo con Mikel Arteta como protagonista. ¿Jugaría con Inglaterra? Es difícil que vista esa camiseta. No sé qué sucederá. Tanto a él como a la selección inglesa les vendría bien, pero eso ya es una cuestión moral e ideológica. Cómo lo aceptarían los ingleses.

lo que más lamentaba tras acabar el Mundial fue que no le pasó el balón a Villa. Es tan bonachón que esa jugada lo destrozó.

Cómo lo asimilaría él. Cómo lo tomarían en España. Se trata de una decisión muy personal, pero, tengo que reconocerlo, yo disfrutaría de un centro del campo con Gerrard y Arteta y me alegraría por ellos como amigo y como aficionado al fútbol. Yo ya se lo he dicho. Allí lo recibirían con los brazos abiertos. Haga lo que haga, hay que entenderlo. Si dependiese de Smally, hace tiempo que sería un pross.

Quien ya no tiene ni que pensarlo es Cesc. Fábregas es una de las personas más competitivas que he conocido. No le importa asumir todos los galones que haga falta. Siempre lo ha hecho, desde que era un niño en el Barcelona. También en el Arsenal. Cuando se fue Henry, todos pensaban que nadie podría asumir el brazalete de capitán. Y lo hizo él con apenas veinte años. Cuando se fue Vieira, que era un referente para Wegner, él demostró su personalidad asumiendo su mismo dorsal. El 4 tan venerado en Higbury, como en un Camp Nou que lo espera para ver cómo lo luce.

En la selección, Cesc no es el suplente que más a gusto se sienta en un banquillo. Su competitividad es la que le hace hablar bien de él. Quiere jugar en todo momento. Nosotros le tuvimos que aconsejar en su día que había que sumar. Que todos debíamos seguir juntos mirando hacia delante. Que su momento llegaría.

Y claro que le llegó su oportunidad. Tanto ante Holanda, en la final, como, sobre todo, en semifinales ante Alemania. Pero lo que más lamentaba tras acabar el Mundial fue que no le pasó el balón a Villa. Cesc es tan bonachón que esa jugada lo destrozó. Le habría dado la Bota de Oro al Guaje y nos habría proporcionado la tranquilidad necesaria para habernos dado la final sin tanto sufrimiento. Es así. Ya tendrá otra oportunidad para dar un pase clave o para marcar él un gol decisivo. Tiempo tiene.

Como lo tendrá para marcarse su futuro y decidir el lugar. Jugando como juega, no tendrá problemas en seguir su progresión. Pero, claro, quieras o no, se trata de tu futuro, tu vida, y debes mantener centrada la cabeza por más que estés pendiente de muchas cosas. Creo que ha hecho un gran Mundial y, cuando ha tenido que pensar en la selección, no ha gastado ni un segundo en otras cosas, pese a que el bombardeo de preguntas sobre su traspaso era constantes. ■

Capítulo 10

CON EL 3, EL AMIGO DE LA FARÁNDULA,
EL DANDI DE ESPAÑA,
EL CENTRAL DEL MUNDO.

¡GERARD PIQUÉ!

La grata sorpresa, junto a Sergio Busquets, desde la Eurocopa hacia el Mundial. Gerard es un central que tiene todas las cualidades para ser el mejor central del mundo. Anticipación, lectura de juego y capacidad para sacar el balón jugado por arriba o por abajo. Tremendamente completo y competitivo en el fútbol, en las cartas y en todo lo que se le ponga por delante.

LA PRIMERA EN LA FRENTE

Y tocaba iniciar el verdadero camino. Ya no había vuelta atrás. Ya estaban las cartas puestas sobre el tapete. El Mundial de Sudáfrica empezaba para nosotros el 16 de junio. Ésa era la primera fecha señalada en nuestro particular calendario para mostrar nuestras credenciales. Ese favoritismo del que tanto se hablaba debía hacerse realidad. Debíamos dar la razón a quienes habían apostado por nosotros. En España nadie se cuestionaba nuestra victoria en el partido inaugural, sólo se preguntaban cuántos goles meteríamos a Suiza.

Conocíamos todos los detalles de la selección helvética. Sabíamos que no sería un partido nada sencillo. Que se encerrarían para tratar de tapar todos los huecos posibles. Que la pelota sería nuestra. Vamos, lo normal cuando juega España y el rival de turno, se llame como se llame, toma esa misma actitud.

El seleccionador sacó de inicio a Casillas, a Sergio Ramos, Piqué, Puyol, Capdevila, a Busquets, a Silva, Xabi Alonso, Xavi Hernández, Iniesta y a Villa. Una alineación perfecta para desarrollar todo nuestro fútbol. Esos jugadores se habían ganado el ser titulares en el primer partido del campeonato, pero nada de lo planteado en los días previos se tradujo en el marcador final. Perdimos por 0-1. Ver para creer.

Nadie se lo esperaba, la verdad. Viendo el partido, menos gente daba crédito a lo que vimos ni al resultado final. A mi modo de ver, creo que jugamos el mejor encuentro de todo el Mundial. Tuvimos más ocasiones que en ningún otro choque. Tuvimos más posesión que ninguna otra selección haya tenido en enfrentamiento alguno durante todo el Campeonato del Mundo. Lanzamos a puerta más de veinte veces. La pelotita no quiso ayudarnos y no quería entrar en la portería de Suiza...

Ante semejante resultado, unos podrían pensar que no hicimos el trabajo que teníamos encomendado para el partido. Pues no. Otros podrían pensar que España fue inferior a Suiza. Pues no. También habrá quienes crean que Suiza hizo un planteamiento perfecto y que nos maniató. Pues tampoco. Que un equipo lance al marco contrario más de dos docenas de veces supone que ha terminado con remate ese número de veces en un partido. Y si lo trasladamos al tiempo de juego, eso quiere decir que rematamos una vez cada tres minutos. Y estamos hablando del Mundial.

Pero sin duda alguna aquél no fue nuestro día. Lo intentamos por la izquierda, por la derecha, por el centro y... por donde se pudo. Agua. Si se dice que la suerte hay que buscarla, cada vez que fuimos a por ella nos regateó y se la dio a Suiza.

Si se dice que la suerte hay que buscarla, cada vez que fuimos a por ella nos regateó y se la dio a Suiza.

Ahora, cuando ese partido no es más que un recuerdo, tengo dos sensaciones contrapuestas. Por un lado, el de fastidio y cabreo porque todo nos salió mal. Fallamos más que una escopeta de feria en nuestros remates. Se lesionó Iniesta, ante la lógica preocupación de todo el grupo porque venía renqueante después de una dura temporada con parones por lesiones. Y Piqué comenzó su particular ritual de golpes en la cara. Al observarlo en el autobús, compruebo que ya no se le nota nada. Pero vaya si cantaban en la concentración sus «cortes» en los primeros partidos. Eso sin contar que el gol que nos marcaron fue en fuera de juego.

A su vez, la sensación positiva me viene por la reacción que tuvo todo el colectivo. ¿Quién sabe si ese palo nos hizo reaccionar y nos vino hasta bien? Para mí, la respuesta es sí. A la postre, estoy convencido de que sirvió para que fuésemos campeones. Quiero pensar que, a raíz de ese partido, el grupo se unió todavía más. Supimos que teníamos debilidades y que no éramos invencibles. Que había que estar todos a una. Que había que correr muchísimo. Que, desde ese instante, sólo nos quedaba hacer todo perfecto para ganar. El compromiso tenía que ser aún mayor en estos momentos de fragilidad. Teníamos seis finales por delante y había que ganarlas todas.

Creo que fue una cura de humildad para todos. No sólo para los jugadores. También para quienes no hablaban y hablaban de favoritismo.

Y si fue un toque de atención para todos, quien se llevó el «toque» individual fue Piqué. Él no sabía lo que le esperaba en el resto de partidos. Como lo apuesto que es, era lógico que se preocupara por los goles recibidos. Creo que, más que por el dolor, por si «afectaba» a que siguiese siendo tan «mono».

Tras ese día, bastante teníamos con digerir la derrota como para pensar en los puntos que se había llevado Piqué tras el «choque en el choque» ante Suiza. Tuvieron que darle dos puntos en la ceja. Y, para colmo de males, justo en la jugada que sirvió para que los suizos marcasen por medio de Fernandes el gol que nos derrotó. Toda la mala fortuna se juntó en décimas de segundo tanto para el colectivo como para el propio Gerard.

Si creía que su mala suerte había terminado en ese momento, estaba más que equivocado. Ante Honduras, sufrió en sus «carnes» dos percances. En el último minuto de la primera parte, un centro del equipo hondureño acabó en córner. La jugada podría parecer hasta normal. El motivo del saque de esquina fue que el balón rebotó... en las «partes nobles» de Piqué. En la segunda parte, otra vez la cara de nuestro 3 se vio afectada. Él se tira al suelo para cortar una jugada. Una pierna que se eleva. Y un taco que, como ante Suiza, impacta en su rostro. Esa vez fue el labio. Nada, tres puntos más y calladito unos días. Para rematar su faena, y nunca mejor dicho, en el entreno previo al partido contra Chile se le abrieron los puntos del labio tras un choque. Pues nada, otro trío en su boca.

Lo veo en el autobús sonreír y no puedo contener la risa. Y él sin enterarse, según me han dicho después, de que se crearon grupos en las redes sociales y apuestas sobre qué parte de la cara o el cuerpo de Piqué iba a sufrir algún percance en los siguientes partidos.

¿Quién sabe si ese palo nos hizo reaccionar y nos vino hasta bien? Para mí, la respuesta es sí.

Durante la concentración, él y Cesc son el Zipi y Zape de la selección. Los dos se pasan el día haciendo trastadas y riéndose de todo el mundo. Esos días, más bien, nos reíamos todos de los «sinuosos» labios de Gerard. Una noche estábamos jugando a las cartas y él no podía ni hablar. Gerard tenía el labio tan hinchado que no se podía ni reír. Para que luego digan que son los delanteros quienes sufren las embestidas de los defensas.

Gerard fue, en esos partidos, una reencarnación en grado superlativo de la famosa y recurrente «Ley de Murphy». Si tienes un dolor, todos los golpes te van a ir a esa zona de tu cuerpo. A Piqué le pasó. Durante esa semana, todas le cayeron a la cara. Eso sí, repartidas. En la ceja, en el labio y donde fuese. Aunque no necesitará cirugía estética. ■

Pepe Reina golpea el esférico en un partido de la selección.

Capítulo 11

CON EL 16, PARA MÍ EL HOMBRE DEL MUNDIAL, EL QUITANIEVES DE BADÍA, EL PULPO DE BADÍA, LOS TENTÁCULOS DE ESPAÑA, EL HOMBRE QUE ROBA, DA, QUITA, JUEGA Y HACE JUGAR.

¡SERGIO BUSQUETS!

El mejor jugador de España en el Mundial. Hizo un campeonato sencillamente impecable. Sergio estuvo a una gran altura en todos los encuentros. Tácticamente es muy inteligente. Se anticipa muy bien y lee muy bien el fútbol. De sus botas salen pases muy sencillos, como si realmente lo fueran, pero no lo son. Juega siempre a uno-dos toques. Siempre intentando hacer el fútbol muy fácil. La lectura de juego y el compromiso que tiene para defender y ayudar a los compañeros son increíbles.

GABINETE DE CRISIS

Habíamos perdido. Teníamos que demostrar que se aprende más de las derrotas que de las victorias. Cuando ganas, todo son felicitaciones y crees que todo el trabajo está bien hecho. Cuando pierdes, las críticas te llegan de todas las partes y tienes que mantener la cabeza fría para que no te hundan más. Y así nos ocurrió. Debíamos mantener intactas las esperanzas que teníamos en el colectivo por ser campeones mundiales, pero nos costaba más.

Desde fuera, lo típico en estos casos. Comentarios, críticas y estadísticas. Sobre todo esto último. Que si nadie había ganado un Mundial tras perder el primer partido. Que si nadie ha fallado más remates que España ante Suiza. Que si... de todo y para todo.

En el grupo también vimos qué nos había pasado. Después de los entrenamientos, tuvimos que montar un «gabinete de crisis». Debíamos descubrir qué habíamos hecho mal para poder corregir a tiempo. Cumplimos con todos los rituales previos a un partido. Los individuales y los colectivos. Mi hermano Miguel y yo nos enviamos mensajes que terminaban con mi «Se os quiere» y su «Ídem». Ésa es nuestra forma de arroparnos antes de una cita importante. Si no lo hacemos, me falta algo. Como me falta algo si no consigo hablar con mi mujer desde el autobús. Es la mejor forma de tranquilizarme. Escuchar su voz es como un mar de calma. Es como una nana para un niño antes de dormir. Eso sí, como no logre contactar con ella, la bronca que le cae es menuda. Así que siempre suele estar en una zona con cobertura cuando sabe que voy camino del estadio.

Y había más. Ya lo hicimos la víspera del primer encuentro de la selección, cuando marcamos contra Rumanía en Cádiz. A partir del siguiente partido, aquél frente a Inglaterra y celebrado en Manchester, del que salimos vencedores gracias a un gol de Iniesta, comenzamos a comerlos. Los llamamos los «cruasanes de la suerte». Y, desde entonces, sólo hemos perdido dos partidos. Curiosamente, cuando fuimos derrotados ante Estados Unidos, no comimos cruasán alguno... Así que caímos ante Suiza pese a haber comido esos cruasanes la noche anterior. ¿Qué elemento era el discordante? Pues Sergio Busquets.

Para mí Busquets ha sido el mejor jugador de España en el Mundial. Y, si somos campeones, debería estar entre los mejores de todo el campeonato. Su participación ha sido realmente espectacular. Al contemplarlo en este autobús, me río de las críticas que recibió. Que si no podía jugar con Xabi Alonso. Que si era demasiado joven para asumir ese papel de pivote titular.

si somos campeones, debería estar entre los mejores de todo el campeonato. Su participación ha sido realmente espectacular

En la segunda parte ante Suiza fue cambiado. Él, con la modestia de quien sabe que con trabajo llegarán los frutos, no tuvo reparos en decir que si el seleccionador decidía que no jugase ante Honduras lo entendería y lo acataría, pero Vicente del Bosque zanjó cualquier debate al respecto. Cuando el seleccionador dijo de manera pública «Si fuera jugador, me gustaría ser Busquets», lo confirmó como titular sí o sí.

Le hacíamos bromas entre los compañeros: «Mira tu padre lo que ha dicho en la prensa». Se reía. Lo tenía que aceptar. Lógicamente, si el míster había dicho eso, él tenía que chupar y tragar. Además de seguir jugando como lo hacía. Haciendo fácil lo que parecía fácil, aunque para nada lo fuese.

Tal fue su crecimiento en los partidos y la importancia para el juego de España que ante Alemania el resultado dependía mucho de lo que Busquets hiciera en el encuentro. Hablé con él antes de jugar. Intenté motivarlo diciendo que se iba a comer a Őzil. Después de la semifinal, vino hacia donde yo estaba. Me guiñó un ojo y tranquilamente me dijo: «Me lo he tenido que comer». Creo que Őzil va a soñar con Busquets toda la vida.

Sí, Busquets sería el mejor jugador del Mundial, pero no debía participar de ninguna manera en los «cruasanes de la suerte». Desde que cuatro compañeros se reunieran en Manchester en mi habitación para tomarlos con leche, habían pasado muchos partidos y muchas situaciones curiosas. En cada encuentro se fueron sumando más y más jugadores. En Sudáfrica podríamos estar alrededor de 18 mojando los cruasanes con la leche. Pero el gabinete de crisis comprobó los precedentes y el hombre que se unió ante Suiza fue Busi. Sí, lo sentíamos mucho por él: Busi podría entrar en la habitación a compartir ese rato con nosotros, pero tenía prohibido comerse ningún cruasán ni tomarse un vaso de leche. Al menos no podía hacerlo en el «templo». Siguió viniendo. Para ver cómo el resto degustábamos, sobre todo en Johannesburgo, auténticos manjares. Todo hay que decirlo, él mismo asumió su «culpa» y no tuvimos que decirle nada. Lo entendió a la perfección y dejó de comer.

En este otro momento, cuando más aprieta el hambre y el autobús no termina de llegar al Txistu, parezco Carpanta. Tengo ganas de unas buenas gambitas y un buen plato de jamón, si bien tampoco rechazaría algún cruasán o similar. Como los cruasanes que nos trajeron en Las Palmas, acompañados con unos donuts espectaculares. Los de Sevilla estaban buenísimos. Hasta en Bélgica se portaron demasiado bien: no tenían cruasanes y nos trajeron todo tipo de tartas. La sorpresa fue cuando nos pasaron la cuenta y nos quedamos acojonados al ver que ascendía a treinta euros por cabeza el pedacito de tarta. En Sudáfrica, Fernando Llorente y yo arrasamos con todos. Después de eso, a dormir como niños y a soñar con la victoria del día siguiente.

Me guiñó un ojo y tranquilamente me dijo: «Me lo he tenido que comer».

Aunque me acuerde de todos los previos que hemos tenido en mi habitación cruasán en mano, nunca se me olvidará el cruasán de la final de la Eurocopa. Era el 28 de junio de 2008 y mi mujer comenzó a sentir contracciones en Viena. Alrededor de medianoche estábamos en mi habitación degustando unos sobaos por gentileza de ella, que nos los había traído de España. En ese momento, David Villa recibe una llamada de su esposa. Le dice que no me diga nada, pero que supiera que se tenía que ir al hospital porque estaba teniendo contracciones.

El Guaje me miró e intuí que algo estaba pasando. Si es que el pobre no sabe mentir. Ni sabe disimular. Estaba jugando a las cartas y lo hacía peor de la cuenta. Comenzó a sudar. Comenzó a mostrar un nerviosismo de que algo estaba sucediendo y no podía decirlo. Así que tuve que «presionarle». No hizo falta mucho. Enseguida me lo estaba contando. Que llamase a mi mujer porque iba camino del hospital y no sabía qué hacer.

Se repetía la misma situación que habíamos vivido con nuestra primera hija, Grecia. Nosotros habíamos pensado que nacieran en Córdoba, pero la primera se adelantó quince días y nació en Liverpool. Sin papeles, sin revisiones y sin ecografías. Llegamos de nuevas al Women's Hospital y, durante veinticuatro horas, estuvimos esperándola. Sí, una experiencia maravillosa, pero también dura tanto por la barrera del idioma como por la lejanía de los tuyos.

La comadrona y los médicos le decían a mi mujer «Push, push. It's coming». Y mi mujer, en un perfecto castellano, sólo le decía: «Hija de tu madre, saca a la niña, que no puedo más». También se puso a cantar mientras estaba pariendo. Cosas que pasan y de las que, años después, te ríes, pero en ese instante te hacen llorar.

Para la segunda, sólo de pensar que nos pudiera pasar lo mismo y, además, en Austria, nos hizo estar intranquilos toda la noche. Por la mañana, la doctora que la atendió le dijo que tenía prohibido ir al partido. Que debía permanecer tumbada en el hotel. Así que no nos lo pensamos y se subió al primer vuelo para España aquella mañana. Había riesgo de que volase en su estado, pero lo asumimos porque era casi más peligroso quedarse en el hotel.

Ya en España, Alma «decidió» no nacer ese día y «dejó» que su madre viese el partido por televisión. Tanto se relajó la niña que vino al mundo justo un mes después. Como habíamos deseado, en Córdoba y en la Cruz Roja, pero con algún que otro vuelo que tuve que coger para asistir al parto. En la mañana del 29 de julio, teníamos que volar desde Liverpool a Valencia porque jugábamos un amistoso contra el Villarreal, pendiente de mi traspaso. Antes de partir, me llamó mi mujer diciendo que había ido al hospital por una revisión rutinaria y que se tenía que quedar ya ingresada.

Volé hasta Valencia y, durante el trayecto, la Federación se portó de cine conmigo al buscarme un avión privado. Al llegar, ni atendí a los medios de comunicación que nos estaban esperando. La escala más rápida que he podido hacer rumbo a Córdoba. Alma me quiso esperar para nacer. Tanto que a los veinte minutos de entrar en el hospital mi mujer dio a luz.

Sin duda, dos situaciones rocambolescas, pero, a la vez, las más gratificantes al poder ver el nacimiento de mis hijas saliendo del vientre de su madre cordobesa de los pies a la cabeza. ■

**CON EL 4, EL PÁTER DE ESPAÑA,
55 PARTIDOS IMBATIDO,
NO LO HACE NADIE, EL PADRE.**

¡CARLOS MARCHENA!

Capítulo 12

Carlos es el líder espiritual dentro del vestuario. Un futbolista que sabe los códigos y conoce perfectamente el otro fútbol. Cuando digo esto no lo menosprecio como futbolista. Todo lo contrario. Lo complementa todavía más. Hay jugadores que no lo tienen y él lo tiene y sabe jugar ese fútbol muy bien.

EL JEFE HABLA Y SE LE ESCUCHA

En los momentos complicados, y para nosotros los días posteriores a perder contra Suiza lo fueron, debíamos tener mucho cuidado. Sobre todo con los más jóvenes. Y eso, en la selección, es como decir con la mayoría, si bien quizá fuéramos los mayores quienes podíamos sentir que se nos podía escapar de las manos otro Mundial más que debíamos tener... Al menos así pensaba la mayoría.

Y en absoluto esperábamos que desde otros países se lanzasen directamente a nuestro cuello. Y realizaran comentarios de todo tipo. La mayoría no tenía que ver nada con el fútbol. Leer en la portada de *The Times* que la «culpable» de nuestra derrota era Sara Carbonero, periodista deportiva de Telecinco, únicamente por ser la pareja de Iker Casillas, me parecía de una bajeza moral fuera de todo límite. Y la reacción de la prensa todavía era comprensible... Comprendimos los titulares argentinos preguntándose cómo era posible ser favoritos y perder contra Suiza. Y esos titulares podrían afectar más o menos al grupo, pero lo que realmente tocó nuestro orgullo fueron las palabras de Diego Armando Maradona. ¿A qué venía criticar como nos criticó? Todavía no encuentro explicación alguna a sus maneras, pero al contemplar semanas después a mis compañeros con la estrella en el pecho por haber ganado el Campeonato del Mundo, hasta le estoy agradecido. A él y a todos los que nos criticaron.

Tocaba hacer aún más grupo. Y si hay alguien que conoce los códigos internos del fútbol y es el auténtico jefe de esta selección ése es Carlos Marchena. Carlos es el padre de este equipo. Quizá para los aficionados no sea importante o, al menos, no sea indiscutible, pero cualquier seleccionador querría tenerlo en su plantel: Carlos siempre suma y, sobre todo, hace sumar a todos.

Marchena está dentro del grupo de andaluces de la selección. A su manera, se podría decir que también gracioso. No destaca por ser un tipo como Sergio Ramos o como yo mismo, que tratamos de crear un buen ambiente con risas o con chispa. Carlos, que también tiene chispa, realiza un trabajo en la sombra que no tiene precio. Es uno de los más importantes en el vestuario. No le hace falta llevar el brazalete para saber en cada momento lo que toca hacer.

si hay alguien que conoce los códigos internos del fútbol y es el auténtico jefe de esta selección, ése es Carlos Marchena.

Tanto en un partido como fuera del campo. Como ocurrió en el choque ante Paraguay. Hay un detalle del que pocos se dieron cuenta, pero que demuestra la inteligencia futbolística de Marchena. Cuando marcamos quedaban pocos minutos. Y, para que no sacaran rápido, se metió dentro del campo. Cosas semejantes le hacen ser un futbolista importante para este equipo. En esos detalles, se marcan diferencias.

Como ha ido marcando las diferencias en la historia. 55 partidos en la selección sin perder de forma consecutiva. Carlos es un tío talismán. Ha batido el récord que tenía Garrincha con Brasil. Eso sí que son palabras mayores. Ahora, que venga otro y le quite el primer puesto.

Volviendo a esos días, siempre con un poco de desazón, los jóvenes comenzaron a sentir la presión de jugar un Mundial y, encima, en la selección favorita por todos. Y siendo así, el resto de selecciones deseaban derrotarnos y, si era posible, eliminar a España del campeonato. Otros, más inteligentes, deseaban nuestra eliminación, pero no querían ser ellos los verdugos: así su camino hacia la final se podría allanar.

Y entonces nos dio por mirar el calendario. Y resulta que si «todos» hacíamos nuestros deberes podríamos enfrentarnos a Argentina en semifinales. Y cuantísimo lo deseábamos. No ya por los jugadores argentinos, que no hicieron ninguna declaración salida de tono contra España, pero sí por hacer callar a los periodistas y sellar de una vez la boca a Maradona.

En un evento de este tipo hay que ser respetuoso. Hablar con jugadas. La primera regla la cumplimos a rajatabla, pero en cuanto a la segunda... Incumplimos esa regla en el primer partido, al menos así se vio reflejado en el resultado, pero seguimos creyendo que con ese juego acabaríamos primeros de grupo y volveríamos a encontrarnos en la situación que se había planteado al principio.

A partir de ahí, en todas las ruedas de prensa o entrevistas siempre nos preguntaban por lo que se decía en otros lugares. Querían sacarnos una frase que pudieran utilizar en nuestra contra más tarde. Deseaban que hablásemos fuera del terreno de juego. No. Gente como Marchena aleccionó a la perfección a los compañeros con menos experiencia.

Recuerdo cómo fue mi debut con el Barcelona. Tenía sólo dieciocho años. Yo estaba acostumbrado a jugar en las categorías inferiores, tanto del club como de la selección, pero mi percepción del fútbol cambió radicalmente. No sabía la que se me venía encima. Y eso que estuvimos 18 partidos sin perder. Ese año la temporada no fue buena, pero ahí quedó. Quizá esos meses fuesen claves para haberme mantenido en Primera División. Si con esa edad aguantas y no te derrumbas, puedes ser futbolista de élite. Así me inicié en un club con todas las aspiraciones del mundo y en un puesto tan comprometido como la portería.

si «todos» hacíamos nuestros deberes podríamos enfrentarnos a Argentina en semifinales. Y cuantísimo lo deseábamos.

En ese instante me tocó jugar ese rol. Debía asumirlo. Como cada jugador debe asumir el que le corresponde. Un equipo es un colectivo y todos tienen que sumar. Como ha pasado con esta selección con la que comparto en mi insistente recuerdo un autobús tras celebrar con toda España que somos campeones mundiales.

Y al igual que yo, hay otros jugadores que no juegan pero que son importantes. En todos los equipos hay suplentes de lujo. Y resulta difícil encontrar un jugador como Marchena. En un equipo es más complicado hacer similitudes. Durante un año es más difícil mantener esa calma y saber transmitir a los compañeros esa energía y esa competitividad. En una selección se reúnen los mejores durante muy poco tiempo. Y él lo ha hecho en el Mundial.

Cada vez que veo al páter recuerdo a un finlandés que también me hizo saber qué es el fútbol. Samy Hypia es un ejemplo claro de profesional hecho y derecho en todos los sentidos. En el Liverpool, al menos los tres últimos años, no ha tenido la oportunidad de jugar lo que debía, pero Samy es el jugador profesional más correcto y más competitivo que me he encontrado en la vida. De esos jugadores que hacen grande una entidad. De esos jugadores que hacen grande un colectivo. De esos jugadores que cuando están, quizá nadie de fuera del vestuario advierte su presencia, pero cuya ausencia hace que se escapen aspectos decisivos en el interior de un equipo que hacen ganar. ¿Será casualidad? Creo que no. ■

> CON EL 7, EL GOL DE ESPAÑA.
> EL GOL DE ESPAÑA
> TIENE UN NOMBRE,
> EL GUAJE,
> **¡DAVID VILLA!**

Capítulo 13

El Guaje es más un amigo que un compañero. Son muchos años bregando con él. Nos contamos nuestras cosas más personales. Hablo más con él que con mi propia mujer. Somos quienes más nos tenemos que aguantar durante las concentraciones. Junto a Fernando Llorente, Villa es el jugador con el que más relación tengo en ese vestuario. Futbolísticamente, Villa es el que ha mantenido a España con sus goles y la baza ofensiva de la selección.

FINALES EN LA FASE DE GRUPO

Se había acabado el margen de error. Ni tan siquiera nos podríamos permitir un empate en alguno de los dos partidos que nos quedaban para acabar la primera fase. Nada. Como si se tratase de una partida a la ruleta. Todo o nada. Sin término medio. Como si nos encontrásemos en una tanda de penaltis. Cara o cruz. Seguir con vida o marcharse a casa como los grandes fracasados del Mundial. No ya porque nos creyésemos mejores y más guapos que nadie sino porque los números cantaban y porque el cartel de favoritos no nos lo habían regalado. Y nosotros lo teníamos.

Tengo que reconocerlo. Estábamos «cagaos», al menos yo. Por saber que debíamos ganar todos los partidos. Al más mínimo fallo, nos íbamos para casa. La tensión se podía cortar en el ambiente. Aquéllas eran nuestras dos pruebas de fuego. Si las superábamos, estaríamos ya en las mismas condiciones que las 16 selecciones que se clasificaban para octavos de final. No quedaba otra que apretar los dientes y confiar en nuestras posibilidades.

Al más mínimo fallo, nos íbamos para casa. La tensión se podía cortar.

Teníamos jugadores de sobra para ganar el Mundial. Pero si antes de comenzar el campeonato la final de Johannesburgo del 11 de julio nos quedaba lejos, en aquellos momentos no queríamos ni pensar en ella. No tocaba. Antes teníamos la primera de nuestras finales. Así nos lo planteamos. Seis partidos a vida o muerte. Tocaba vida, íbamos a por el siguiente. Si tocaba muerte, para qué decir más...

Ya en Madrid, tras haber pasado las seis pruebas del algodón, contemplo al Guaje. Mi gran amigo de la selección. El hombre con quien hablo más que con mi mujer. Varios años peleando en La Roja por lograr cosas importantes. La primera, la Eurocopa. La segunda, debía ser el Mundial.

Para esos partidos, después de no haber marcado ante Suiza, sabíamos que estaba cachondo con el gol. Sus números eran impresionantes. De todos es conocido que Villa es «amigo íntimo» del gol y ese amigo suyo nunca le falla.

Debutó en Almería con la absoluta hace cinco años. Quizá parezca poco tiempo, pero el suficiente para alcanzar la cifra de goles que tiene Raúl como máximo goleador en la historia de la selección. Y eso, en España, es decir mucho. O, mejor dicho, es decirlo todo.

En las conversaciones que tenemos un día sí y otro también, sabía que éste iba a ser su Mundial.

Antes de llegar al Mundial, Villa hizo lo que cualquiera que no tenga su futuro claro debe hacer: aclararlo. Fichó por el Barcelona y, habiendo tantos del Barça en la selección, ya era uno más. Aunque siempre lo ha sido. Por su carácter y porque con sus goles nos ha dado muchas alegrías tanto a sus compañeros como a la propia selección.

En las conversaciones que tenemos un día sí y otro también, yo sabía que éste iba a ser su Mundial. En Alemania ya marcó sus golitos, pero no tenía el rol internacional que este Campeonato del Mundo le debía dar. Así que como ante Honduras nos jugábamos la primera de las finales, allí apareció él.

Del Bosque puso de inicio a Casillas, a Sergio Ramos, Piqué, Puyol y Capdevila, a Busquets, Xabi Alonso y Xavi, a Jesús Navas, Torres y Villa. Después jugaron Arbeloa, Mata y Cesc.

Sabíamos que Honduras era un rival asequible y teníamos que ganar. Al final lo hicimos con facilidad. 2-0, pero pudieron ser muchos goles más. El Guaje, afinando su puntería, marcó los dos goles de España. Aquélla fue nuestra primera victoria, nuestro primer paso dado con firmeza. Y quedaba dar el segundo ante Chile.

Después de todo lo que se había dicho, podríamos jugarnos el primer puesto del grupo ante los chilenos y el traspié ante Suiza apenas habría sido un toque de atención.

El seleccionador sacó de titulares a Casillas, a Sergio Ramos, Piqué, Puyol y Capdevila, a Xavi, Busquets, Xabi Alonso, a Iniesta, Torres y Villa. Sólo la entrada de Iniesta, que no había jugado ante Honduras por la lesión que sufrió ante Suiza, por Jesús Navas, fue la única novedad en relación con el partido anterior. También jugaron Cesc y Javi Martínez. Así debutaba en un Mundial el hombre de los Altos Hornos de Bilbao.

Para qué nos vamos a engañar. No lo teníamos tan seguro con Chile y fue el partido que peor vivimos, junto con el de Paraguay. La primera media hora de los chilenos, hasta el gol del Guaje, nos hicieron sufrir. Nos hicieron jugar un fútbol al que nosotros no estábamos acostumbrados. Tuvimos que meter mucho pelotazo arriba porque ellos presionaban muy bien en nuestra defensa. Defendían con una eficacia y un comportamiento casi militar.

Villa, Reina y Torres, con sus respectivas parejas en la celebración de la Euro 2008.

Hasta que, cómo no, apareció Villa. Su gol abrió el partido un poco más. Después, el gol de Iniesta y la expulsión del chileno Estrada casi lo finiquitaron. Y digo casi porque con el gol de ellos, por medio de Millar, nos volvimos a preocupar. Desde el banquillo se dieron avisos de cómo iba el partido de Suiza. Sabíamos que a los dos nos valía el 2-1 a nuestro favor. Con el balón en nuestro poder. Chile con 10. Y valiendo el marcador, sólo esperábamos que pitase el final del partido. Así fue y así logramos el primero de los objetivos.

Si los tres primeros goles de España los hizo Villa, el cuarto fue obra de Andrés Iniesta. Con él pasa, casi, como con David. Sabes que nunca te va a fallar. Y eso que considero que no ha sido su mejor campeonato. Para mí estuvo mejor en la Eurocopa. Y aquel año, curiosamente, no fue candidato a ninguno de estos premios que se dan a final de temporada. Iniesta ha ido de menos a más. Sinceramente, pienso que Busquets ha sido el más regular de todo el campeonato, aunque Andrés no necesita estar todos los partidos al máximo nivel. Sabe escoger los momentos en los que el equipo lo necesita. Como le ocurre a todo crack que se precie, Iniesta ha sido decisivo cuando tenía que serlo. En la final y en un tramo del partido de cuartos de final.

Contar con ellos es una ventaja.

Los goles de Villa permitieron a nuestras dos familias comenzar a preparar el viaje conjunto que tenían programado para vernos jugar. Debíamos superar los octavos y los cuartos. Después de ese sufrimiento, pensábamos que ya íbamos por el camino correcto. Así que tanto los suyos como los míos tenían razones más que suficientes para ir encargando los billetes y todo el paquete completo a fin de presenciar en directo los partidos decisivos de nuestro viaje a la gloria. ■

Capítulo 14

> CON EL 2, EL AMIGO DE LOS FAMOSOS, SE MATA POR UN PIN, LE ENCANTA LA BLACKBERRY.
>
> **¡RAÚL ALBIOL!**

La cara amable del fútbol. Hay jugadores que se toman mal el no jugar y hay otros que se lo toman mejor. Albiol es uno de estos últimos. En ningún momento puso una mala cara. En ningún momento estuvo a disgusto en la selección. En todo momento sumó. Una pena que, por su lesión, no pudiera jugar como el resto.

SE SUMA HASTA LESIONADO

Se acabó el calvario de la primera fase. Ahora ya era todo igual para todos. Cara o cruz. No se podía dejar nada para otro día. Y a nosotros nos encantaba esta situación. Ya estábamos donde queríamos. Habíamos sido primeros de grupo y el calendario nos deparó un emparejamiento con Portugal. La primera sensación que tuvimos con la clasificación para octavos fue que teníamos la sartén por el mango. Nos daba igual el rival que nos tocase. Si hubiese sido Brasil, pues Brasil. Portugal, pues Portugal. Costa de Marfil, pues Costa de Marfil. Sabíamos que debíamos quedar primeros de grupo y que había que ganar. Y así lo hicimos.

Plantilla del Liverpool de esta última temporada 2009/2010 con Rafa Benítez como entrenador.

Carlsberg
Part of the
GAME

Así fue a nivel global. El miedo que nos invadía hacía que nos preguntásemos si el precio que habíamos tenido que pagar había sido excesivo. Volvimos a sentir la suficiencia que deberíamos demostrar ganando partidos, pero desde que nos clasificamos derrotando a Chile hasta que llegó el partido frente a Portugal, nuestra máxima preocupación era recuperar a todos los tocados. Tanto Xabi Alonso como Fernando Torres habían acabado aquel choque con molestias. Vale que todos somos importantes en el grupo, pero ellos dos son de los hombres que dan ese plus de calidad al colectivo y que constituyen una parte muy necesaria. Xabi tuvo problemas en el tobillo derecho. A Fernando, tras estar varias semanas inactivo, se le volvieron a presentar algunas molestias en la pierna derecha.

Y si ya andábamos así de preocupados al día siguiente de nuestra clasificación, estando en pleno entrenamiento para preparar el encuentro de octavos, se lesionó Raúl Albiol. Camino de la cena y el fin de fiesta, está feliz, pero aquellos días Albiol fue la cara amarga de la concentración. Se lesionó el peroné y tuvo que estar el resto de la estancia en Sudáfrica sin poder entrenar y, en consecuencia, sin poder jugar ni un minuto en el Mundial.

Raúl Albiol ha sido, junto a Víctor Valdés y junto a mí, el único que no ha podido disfrutar jugando este Campeonato del Mundo. Cuando un portero tiene la titularidad como le ocurre a Iker Casillas, los porteros lo asumimos: así son las cosas. No lo asume con esa naturalidad un jugador de campo que siempre ha respondido a la perfección cuando ha sido llamado. Y todavía le cuesta más asumirlo si la razón de su ausencia es una lesión causada en un simple entrenamiento. La buena noticia, por llamarlo de algún modo, fue que no tuvo rotura. Aunque para un torneo tan corto, la lesión fue lo suficientemente importante como para saber que debería ver los toros desde la barrera.

Nos daba igual el rival que nos tocase. Si hubiese sido Brasil, pues Brasil.

Raúl debe estar tranquilo: Albiol siempre será un jugador que estará en el candelero. Siempre será un jugador importante para la selección por su juventud, por su calidad y porque, nada más y nada menos, juega en el Real Madrid. Raúl Albiol debe tenerse en cuenta como jugador.

Al sucederte algo así siendo miembro de un grupo, nunca sabes cómo vas a reaccionar: quizá te deprimas y esa actitud termine afectando al colectivo. O quizá, como le ocurrió a Raúl, sigas sumando pese a no poder jugar. En esta selección suma todo el mundo. Una cosa es jugar cuando los técnicos te lo piden y otra, cuando no hay partido ni entrenamiento. Ahí todos somos iguales. Y este valenciano lo ha sabido aprovechar y fomentar. Se lo ha pasado en grande con Sergio Ramos, Navas y Arbeloa. Jugando al parchís o al bingo.

No me cansaré de decirlo y repetirlo: tengo unos compañeros que son extraordinarios jugadores de fútbol y así lo demostraron aquel mes, pero estoy convencido de que el gran éxito de ese grupo se debió a lo bien que nos llevamos. Creo que un alto porcentaje de las razones por las que las cosas nos van saliendo tan bien estos dos últimos años es el ambiente que hemos creado entre todos.

Más de uno debería tener ya un Balón de Oro en su casa y espero que, por fin, caiga este 2010. Todos mis compañeros traba-

le ocurrió a Raúl, seguir sumando pese a no poder jugar. En esta selección suma todo el mundo.

jan como el que más, de manera que los recién llegados tienen que meterse rápido en esa dinámica de trabajo y solidaridad hacia el compañero. Cualquier equipo que se precie necesita en el campo esa unidad que favorece el conjunto. Esa solidaridad con los compañeros. Esa entrega por el bien del colectivo. Al final, las relaciones en un vestuario se reflejan en el campo y las relaciones en el campo se reflejan en el vestuario. Se trata de un espejo doble. En el fútbol no hay muchos secretos. La gente que se lo curra suele llegar.

Quizá por ello, en Reino Unido comenzaron a apoyar a España en cuanto Argentina eliminó a su selección. Y ese apoyo partió de todo el país, especialmente de Liverpool.

En los restaurantes y pubs, decorados con banderas españolas, vieron nuestros partidos en pantallas gigantes. Se nota que nos quieren mucho. Reconocen el buen fútbol y, cuando las cosas se hacen bien, no tienen reparo en admitirlo y aplaudirlo. Uno se quita el sombrero y aplaude lo que se hace bien. En ese caso, se dieron cuenta de que éramos el mejor equipo de todo el torneo.

También se trasladó ese sentimiento a Sudáfrica, en principio gracias a los jugadores que militamos en la Premier. Como sucede en otros lugares, en Sudáfrica se sigue más la Premier que la

Liga española, pero los españoles consideramos que nuestra liga es la mejor liga del mundo... No voy a entrar en debates sobre qué competición es la mejor, pero sin duda alguna la Premier es la competición que más gente ve por televisión en el mundo. Y así se hizo evidente cuando en el estadio daban la alineación en los vídeo-marcadores: siempre ganaba por goleada Fernando Torres. El estadio se caía cuando salía su fotografía. Animaban y festejaban a Torres. Igualmente sucedía con Xabi Alonso o con Cesc Fábregas. Y daba igual que Villa hubiera marcado cuatro goles o que Xavi o Iniesta fuesen los mejores en el partido anterior de España o que Iker Casillas hubiera parado lo que no está en los escritos.

De esa manera fuimos ganando adeptos a nuestra causa. Ya no sólo teníamos el apoyo de nuestro propio país. La legión de seguidores iba en aumento. ■

Pepe Reina, en un entrenamiento.

CON EL 8, LA BATUTA, LA BATUTA:
POR AQUÍ, POR AQUÍ, POR AQUÍ,
AHORA ROBO, AHORA DOY.

¡XAVI HERNÁNDEZ!

Capítulo 15

Ahí donde lo veis, Xavi es una persona tremendamente bromista. Su imagen es seria, pero Xavi tiene una panda de amigos de años que son el descojono padre. Te cuenta anécdotas de ellos y no paras de reír. Es el que anima, junto al Guaje Villa, las noches de los cruasanes. Aunque las anécdotas del asturianín sean repetidas. Xavi Hernández nos divierte después de cenar, cuando los jugadores ya nos encontramos solos. Y, en los momentos de relajación, Xavi logra transmitir un sentimiento de unión antes de los partidos.

TRANQUILIDAD, XAVI ASUME EL MANDO

El hecho de haber perdido el primer partido en el Mundial nos obligó a saltar al campo con la sensación de depender del lanzamiento de una moneda al aire. Cara o cruz. Y quizá otras selecciones se hubieran mareado ante semejante perspectiva, pero a nosotros esos aprietos nos hacían jugar mejor. Cuanta más presión había, más desarrollábamos nuestro juego. Quizá no tan técnico como ante Suiza u Honduras, pero sí cada vez más competitivo. A estas alturas, siempre manteniendo nuestra filosofía, jugar así era lo que valía.

Enfrente teníamos a Portugal, posiblemente la antítesis de España. Mientras en nosotros prima el colectivo por encima de las individualidades, en los lusos la presencia de Cristiano Ronaldo se impone al resto de compañeros. Pep Guardiola dijo esta temporada que Cristiano era peligroso cuando el balón lo tenía el rival. Alguien puede no entenderlo. Pero la explicación es muy sencilla. Si Portugal, el Real Madrid en su caso, roba el balón, la velocidad de CR7 es clave para ponernos en peligro a nosotros. Ronaldo era su principal amenaza.

Vicente del Bosque dispuso de inicio un equipo que casi se podía recitar ya de memoria. Casillas, Ramos, Piqué, Puyol y Capdevila, Busquets y Xabi Alonso, Xavi e Iniesta, Torres y Villa. En la segunda parte salieron Llorente, que jugó desde el minuto 59 y fue clave, Pedro y Marchena, estos dos últimos cuando el partido agonizaba. Quizá fuera para que Marchena siguiera engordando su gran estadística.

Rumbo al restaurante tras la celebración del Mundial, la vista me lleva a Xavi Hernández. ¿Qué tiene que hacer para que le den el Balón de Oro? A lo mejor cambiarse el nombre y que se llame Xavinho. Si hubiese llegado de Brasil o Argentina al fútbol español, estaría encumbrado en el Olimpo de los dioses, pero como es de casa, nada de nada. Xavi es como es y así lo queremos. Producto nacional. Gente normal y sencilla y de puta madre.

Él no ha tenido que irse a jugar a un club extranjero para ser reconocido. Sí tuvo que irse, con la selección, a jugar la Eurocopa en

Casualidades o no, fue tomar Xavi el mando del equipo y ponerse el Mundial de nuestro lado.

Austria-Suiza para que fuese designado por la UEFA como el mejor jugador del campeonato y, por tanto, tener el reconocimiento de toda Europa. En junio de 2008 se «descubrió» en España la verdadera dimensión de Xavi Hernández.

Contra Portugal ya comenzamos a jugar al ritmo que Xavi marcaba. Bueno, cuando eso ocurre, juega al ritmo que marca su propio equipo, el rival y el Planeta Fútbol. Si la pelota la tiene Xavi, todo se para. Los estadísticos ya pueden sumar un nuevo pase bueno, pero en el momento que él decida. Sin prisa. Siempre eligiendo la mejor opción. Ésa es la esencia del juego de España y del Barcelona.

En cuanto a la calidad, Xavi es impresionante. Le das el balón y, tras dar cuarenta mil vueltas sobre sí mismo, sigue teniéndolo y no se lo quita nadie.

A partir de ahí, pues él sabe que tiene un valor extraordinario para el equipo y nosotros sabemos que es un jugador fundamental.

Casualidades o no, fue tomar Xavi el mando del equipo y ponerse el Mundial de nuestro lado. En el partido contra Portugal se vio claramente las diferencias entre uno y otro equipo. Para nosotros, ni tan siquiera contra Honduras nos sentimos tan superiores.

Quien no tenga en la retina ese partido, al ver el resultado, un simple 1-0, puede pensar lo contrario. Quien sí lo recuerde, sabe que los lusos no crearon ni una oportunidad. Ni tan siquiera cuando debían ir a por el empate. Qué digo, ahí fue cuando menos sufrimos. Manejamos el encuentro de la manera que quisimos.

lo que era negro y confuso se convierte en blanco, con el paisaje despejado y con la mente clara.

Comenzamos a tener el espíritu de la final de la Eurocopa. Marcar un gol, tener hasta la saciedad la posesión de balón y no pasar ni un susto. Un resultado que sería ya mágico para España hasta la final del Mundial. Si hubo alguien que apostó por el 1-0 desde octavos hasta la final seguro que se forró de pasta. El marcador de los resultadistas fue clave para que el Campeonato del Mundo se lo llevase el equipo al que le gusta tener más la posesión y sentirse dueño de partido con la pelota en su poder. Cosas del fútbol.

Lógicamente, cuando nos ponemos 1-0 y podemos mover el balón como lo hacemos habitualmente, es difícil que el rival remonte y nos gane, especialmente en las segundas partes, pues los rivales llegan muy cansados por todo lo que han tenido que correr en la primera. Madurar un partido, de la manera que nosotros lo hacemos, es muy meritorio. Quizá son cosas que no advierten los no entendidos en fútbol. En eso consiste también el fútbol, en saber madurarlo durante tantos minutos y, cuando el equipo rival está más cansado y deja espacios atrás, poder marcar y abrir diferencias. Como una fruta en el árbol, al final termina cayendo de madura.

He tenido la suerte de verlos desde el banquillo. Como espectador aficionado de España, ese juego es un espectáculo digno de contemplar y disfrutar. Todo lo contrario para los rivales. Es difícil para nuestros adversarios. Estás constantemente detrás del balón. Son, siempre, apoyos continuos y toquecitos de balón. Al final, se acaban cansando. Como le sucedió a Portugal.

Pero si se quiere ganar un partido, hay que marcar goles. O un gol, en nuestro caso, desde ese momento. Y quién, si no, lo hizo. El mismo. El Guaje volvió a tener su cita con el gol. De rechace a un lanzamiento suyo. Como sea, pero marcó. Y eso era lo que importaba. La dejada de Xavi de tacón prolongando la acción dentro del área fue espectacular. Todo ya comenzaba a ir rodado. Aquél fue el momento que esperas en un torneo en el que, sin saber el motivo, cambia todo y lo que era negro y confuso se convierte en blanco, con el paisaje despejado y con la mente clara.

Si destaco a Xavi, por su juego, y a Villa, por el gol, también tengo que destacar a un hombre que, además de compañero, es uno de mis mejores amigos en la selección junto al Guaje: Fernando Llorente. Su salida fue como jugar a los bolos. Él se encargó de derribar a los centrales de Portugal y de allanar el camino para que llegase el triunfo. Con su sola presencia provocó que los lusos retrasasen líneas hasta casi meterse en su portería. Otro más que suma en un momento complicado. Ésa es la fortuna de tener un banquillo con extraordinarios recursos para cualquier tipo de partido, como sobradamente ha demostrado España. ■

> CON EL 19, EL CAMIÓN DE LA ROJA, EL HOMBRE QUE TIRÓ DE NOSOTROS CONTRA PORTUGAL: LOS CENTRALES DE PORTUGAL PARECÍAN BOLOS, SE LOS CARGÓ A LOS TRES, A LOS CUATRO, A LOS CINCO, EL CAMIÓN DE LA ROJA.
>
> **¡FERNANDO LLORENTE!**

Capítulo 16

El camión de La Roja.
Después del partido ante Portugal, Fernando era el hombre más feliz de la faz de la Tierra.
A Fernando le fascina estar en la selección.
Se siente como un niño con botas nuevas. Se siente un privilegiado. Lo valora muchísimo y tiene mucha ilusión.

LLORENTE GANÓ... GANÓ ALEMANIA

Pasara lo que pasase de ahí al final del Mundial, ya habíamos superado nuestro logro en Alemania 2006. Allí, cosas del fútbol, hicimos una inmaculada primera fase y, después, caímos contra Francia en octavos de final. Todos nos habían dado como favoritos. Decían que los Zidane y compañía estaban acabados. Y resultó ser que no. Tras eliminarnos, llegaron hasta la final para perder por penaltis contra Italia.

Cuatro años después, después de haber perdido el primer partido en Sudáfrica, ya estábamos en cuartos de final. El equipo había recuperado las buenas sensaciones con las que había comenzado este campeonato. Tras caer contra Suiza, las dudas *tenÍamos la confirmación de que cualquiera que saliese desde el banquillo iba a sumar.*

se pudieron haber apoderado de nosotros, pero apenas duraron cinco minutos. Bueno, quizá algún minuto por nuestro propósito de no fallar a quienes nos consideraban favoritos.

Sí existía ese miedo a caer antes de tiempo. Quien más y quien menos sentían ese terror. Una vez pasado ese trance, el encuentro frente a Cristiano Ronaldo y compañía fue como una bocanada de aire fresco. Como cuando entras en un bosque y sólo puedes respirar aire puro. La pureza que para nosotros significa dominar un partido como nos conviene. Que siempre es jugando al fútbol, y buscar la victoria ofreciendo más que el contrario.

La segunda parte ante los lusos dibujó el camino que todos nos habíamos trazado mentalmente. Así era como debíamos seguir. Recuperado el nivel y la autoconfianza, queríamos más. Teníamos ya la mejor versión de Xavi Hernández. Y eso es decir como la mejor del mejor jugador del Mundo. Digan lo que digan los premios que se conceden. Pero, a su vez, teníamos la confirmación de que cualquiera que saliese del banquillo iba a sumar. Como lo demostró Fernando Llorente. Como antes lo habían hecho Pedro, Jesús Navas y Marchena. Minutos válidos para realizar sobre el campo lo que quería Del Bosque en cada momento.

Ya estábamos entre los ocho mejores. En el horizonte, la final de Johannesburgo. Una vez que eliminamos a Portugal, podría parecer hasta sencillo hacer lo propio contra Paraguay. Y, si lo lográbamos, pues medirnos frente a Alemania o Argentina. Tengo que reconocerlo, todos queríamos que fuese Argentina la que se clasificase. Desde que perdimos contra Suiza en el primer partido, leer lo que se dijo de nosotros en la prensa argentina y, sobre todo, lo que declaró Diego Armando Maradona, casi, riéndose de nuestra condición de favoritos, constituyó uno de nuestros objetivos sin siquiera haber hablado del tema entre nosotros. Ni de manera pública ni en el vestuario, pero se respiraba en el ambiente y no había que «picar» a nadie para darse uno cuenta de que era así.

Como en plural son los cruasanes que se comía todas las noches previas a los partidos Fernando Llorente. Vaya par que nos hemos juntado.

Todos sabíamos que en ningún caso se debía decir qué rival preferíamos para semifinales. Nosotros no teníamos ninguna duda al respecto, pero no abrimos la boca por dos razones. Por un lado, hablar ya de semifinales daba por hecho que ganaríamos a Paraguay. Las apuestas estaban todas a nuestro favor, pero hubiese sido una falta de respeto hacia los paraguayos dar por hecho el pase de España hacia la penúltima ronda. Ésa es nuestra forma de ser y, como nos va bien, no tenemos ninguna intención de cambiarla. Por otro, si lo hubiéramos hecho, si hubiéramos dicho contra qué rival deseábamos enfrentarnos, habríamos mostrado nuestras cartas y habríamos revelado así que las críticas recibidas en la primera fase de determinada gente nos habían afectado. Más bien fue al contrario. Todo nos ayudó a unirnos y a ver que, por mucho que se dijera, ganar un Mundial no iba a ser nada sencillo.

Cada vez queda menos para llegar al restaurante. Y el hambre que tengo ya no se puede aguantar. Creo que lo mejor para vencer el dolor de cabeza que llevo arrastrando serán unas gambitas y un jamoncito del bueno. Aunque, en el Txistu no hace falta pedir que el jamoncito o las gambitas sean buenas porque todo es buenísimo. Y además ya no queda casi líquido elemento, en sus más diversas acepciones, en el autobús. Normal, las previsiones se han ido quedando cortas a medida que ha aumentado el tiempo que hemos pasado para cruzar una parte de Madrid y llegar al Manzanares. Eso es lo que tiene celebrar algo, digo por el recorrido, a mitad de julio con todo el calor que ha hecho. El cambio de temperatura nos ha llevado a consumir líquidos. Así, en plural.

Como en plural son los cruasanes que se comía todas las noches previas a los partidos Fernando Llorente. Vaya par que nos hemos juntado. Desde que está en la selección ha sido uno de los que más ha hecho por mantener esa tradición. Bueno, de los que más ha comido. Se podría decir que las bandejas se repartían entre Fernando y yo, por un lado, y el resto, por otro.

De la misma manera que tenía que compartir con él los cruasanes –a veces, nos peleábamos por los últimos–, también tuve que compartir mi dinero. No es que me pidiese ningún préstamo. Ni mucho menos. Cada vez que lo miro, como en este autobús, recuerdo esas «transacciones» nuestras durante el Mundial.

En la concentración hay horas en las que nos reunimos para pasar el rato y Fernando demostraba repetidamente que no se le da nada bien jugar a las cartas. Llorente no ganaba ni una, pero me las devolvió todas de una vez. Cuando comenzó el partido de cuartos entre Alemania y Argentina, nos encontrábamos en el hotel de concentración y vimos que los alemanes marcaron pronto. En el tercer minuto ya iban ganando. Con las ganas que teníamos de que venciese Argentina y con la suerte en los juegos de Llorente, vi que le podía ganar fácil otra apuesta. Él estaba empecinado en que no marcara Argentina. Yo ya veía ese dinero en mi bolsillo. Y aposté cinco veces lo que él ponía a que Argentina, como mínimo, marcaba uno. El dinero es el dinero y, con la pegada de los argentinos, ¿cómo no iban a marcar aunque terminaran perdiendo? Pues no lo hicieron. Hasta en eso me fastidió Maradona. Pequé de «pardillo» y Llorente recuperó en esa sola jugada todo lo que había ido perdiendo a lo largo del Mundial. La suerte de los principiantes. Y para colmo se dedicó a pasearse por todo el hotel festejando ante los compañeros la victoria de Alemania... y haberme limpiado. Tener amigos para esto. ■

Y CON EL 1, EL 20 DE MAYO DE 1981
NACE UN SANTO EN MÓSTOLES,
PARÓ UN PENALTI A PARAGUAY
EN CUARTOS DE FINAL, BLOCA TODO
LO QUE HAY POR ARRIBA EN SEMIFINALES
CONTRA ALEMANIA, LE SACA UN PIE
A ROBBEN EN LA FINAL, LE SACA UNA MANO
A ROBBEN EN LA FINAL.

¡IKER CASILLAS!

Capítulo 17

En aquel momento complicado para la selección todos teníamos nuestras esperanzas puestas en Iker. Y, una vez más, supo salir a flote. Supo mantener al equipo en el partido y, a la postre, al final hemos sido campeones gracias a ese momento.

MENSAJES PÚBLICOS, MENSAJES PRIVADOS

Sabíamos que si nos clasificábamos para semifinales, nuestro rival sería Alemania. No se trataba de una cuestión de orgullo sino de que, en la historia del fútbol, siempre se han desarrollado enfrentamientos entre clubes y selecciones que se han decidido más por una cuestión mental que futbolística. Salir a un campo y creerte que el rival es superior a ti te hace sentirte Don Quijote y acabas viendo fantasmas por todos los lados.

Como España siempre ha visto fantasmas cada vez que en el camino se cruzaba la palabra «cuartos». Ése era nuestro tope. La gran mayoría de los españoles nunca ha vivido otra ronda posterior en un Mundial. Sólo sucedió en Brasil hace ya la friolera de sesenta años.

El partido fue duro. El más duro de todos los que hemos tenido que disputar en el Mundial.

En la Eurocopa acabamos con parte de ese maleficio, pero eso era la Euro, no el Campeonato del Mundo. Palabras mayores. Si queríamos quitarnos todos los fantasmas y demonios de nuestra historia, debíamos encomendarnos a un santo... Y vaya si lo hicimos. Un santo con un corazón más grande que lo que está siendo su carrera deportiva. Que ya es decir. El hombre que tenía un encargo y era levantar la Copa del Mundo el 11 de julio en Johannesburgo. El hombre que tiró de carros y carretas durante la concentración. El hombre que sostuvo a España en los momentos más difíciles. El hombre que ejerció de capitán tanto dentro como fuera del terreno de juego. Iker Casillas.

El míster determinó que para este partido el mejor once inicial posible era el formado por Iker Casillas, Sergio Ramos, Piqué, Puyol y Capdevila, Iniesta, Busquets, Xabi Alonso y Xavi Hernández, David Villa y Fernando Torres.

Iker ha demostrado ser un profesional ejemplar durante un mes y medio. Y así lo lleva demostrando doce años. El tema de Sara Carbonero, su pareja, periodista deportiva que trabajó para Telecinco en el Mundial, se lo comió con patatas él solito. Aguantando de todo. Y así se comprobó otra vez más la resistencia de su coraza de hierro. Y cuantísimo le gusta su profe-

La concentración siempre es máxima entre los guardametas de la selección española en los entrenamiento.

BERDROLA
Reebok
adidas

sión. De haber vivido lo que él tuvo que aguantar, el resto de jugadores nos habríamos sentido afectados. Ella, por su parte, ha realizado una labor muy profesional y de mucho mérito.

Y esto no lo digo porque se acordase de mí cuando acabó el partido y él era el centro de atención por haber hecho un paradón en el último minuto del encuentro, evitando así la prórroga, y después de haber detenido un penalti a Cardozo, uno de los jugadores que menos falla en todo el mundo. Es que fue una de las pocas verdades auténticas que suceden en un evento de este tipo, cargado de simbolismos por todos lados y por gestos que cada uno puede entender a su manera.

El partido fue duro. El más duro de todos los que hemos tenido que disputar en el Mundial. Paraguay jugó un buen encuentro. Si no llega a ser porque uno está más pendiente de lo que hacen los tuyos que los rivales, podría haber aplaudido cada acción de los guaraníes. Defensivamente fueron un muro. Ofensivamente, tuvieron sus opciones hasta el último minuto. Pero Iker estaba allí para parar las que venían en juego, como un penalti de los que unen a todo un colectivo y, especialmente, aún más a él y a mí.

Además de ver parar a Iker un penalti que le lanzó Cardozo, también me alegré, una vez más, porque el gol de España lo había conseguido Villa. Ya nos encontrábamos en los últimos minutos de un partido de infarto. Al minuto de que Casillas parase el penalti, el colegiado señaló uno a nuestro favor por derribar a Villa. Como el Guaje había fallado uno frente a Honduras, se confió en la fiabilidad de Xabi Alonso. No era el día de los especialistas. Si es casi imposible ver errar a Cardozo, lo mismo sucede con Xabi. Pues lo hizo. Bueno, el primero lo

Pepe Reina e Iker Casillas, en un entreno en Poch.

marcó. El árbitro dijo que lo repitiese. El segundo lo paró Justo Villar. Así que había que sufrir hasta el pitido final.

Como siempre, después de un partido llegabas al neceser y tenías el móvil lleno de mensajes. Uno fue de Iker Casillas. Me agradecía el penalti que había parado. «Muchísimas gracias, crack. El penalti lo has parado tú. Gracias por estar ahí y ser un fenómeno.» Recuerdo que nos encontrábamos uno frente al otro. Cuando lo leo, se me caen los huevos al suelo. Algo tan

Iker y Reina, atentos a las indicaciones de Ochotorena.

especial en un momento de gran alegría para todos se te queda grabado y, a mí, ese detalle de Iker me pareció impecable. Y al recordarlo, ya en el autobús festero, lo miro y se me saltan las lágrimas. ¡¡¡Buff!!! Sigo.

Y al recordarlo, lo miro y se me saltan las lágrimas.

Iker no tenía necesidad de decir públicamente que yo le había intentado ayudar, pero así lo dijo ante los medios de comunicación. El detalle me caló hondo. Que también lo dijera públicamente me gustó. Aunque más que me mandara ese mensaje tan personal, porque lo hizo desde el corazón y sé que lo sintió de verdad.

Con el tiempo te pones a pensar y crees que quizá podrías haberle perjudicado, que quizá podrías haberlo puesto en aprietos o haberle sembrado alguna duda, pero Iker no pasa aprietos ni duda. Él lo tenía muy claro y lo supo descifrar en su momento. Así que paró el penalti.

No es tan fácil acordarse de quienes no jugamos y más siendo el protagonista. Iker fue el hombre que paró el penalti y el jugador que se hizo con el centro de atención. Y a mí no me cabe más que sentirme más y más agradecido hacia el capitán.

Quienes juegan, lógicamente, tienen más protagonismo y se sienten más de la partida. Más partícipes de haber ganado el Mundial. Yo me siento igual de campeón, pero entiendo que si hubiera jugado, me sentiría mucho más feliz.

Y todo el agradecimiento de Iker hacia mi consejo vino por algo que yo no fui capaz de hacer. Vamos, llevar a todo su extremo el dicho «Haz lo que yo digo, pero no lo que yo hago». Así fue. Yo no pude parar ni uno de los dos penaltis que Cardozo me había lanzado hacía unos meses en una eliminatoria de la Europa League. Superada esa acción ante Paraguay, me alegro de que Cardozo me marcara los dos penaltis por el mismo sitio en Lisboa. Si uno valió para lo otro, que le den por culo a aquel partido de la UEFA. De todos modos, a la postre acabamos pasando la eliminatoria. Me sirvió de experiencia y eso, al final, ayudó. Seguro que el pobre Cardozo, cuando me los marcó, no se esperaba que perdiera el partido de cuartos de final de un Mundial por eso. Seguro que fue el partido más importante de su vida. Se trataba de un Campeonato del Mundo y eso, con la presión que conlleva, no le dejó estar muy acertado.

Quizá también deba darle las gracias yo a Benito Floro. Siendo mi entrenador en el Villarreal, antes de jugar un amistoso en el Trofeo de la Cerámica, me dijo que dejase de intuir los penaltis que me lanzaban. Que apurase al máximo para tirarme. En ese partido nos tuvimos que jugar el título desde los once metros. No paré ni uno. Os podéis imaginar el cabreo que tenía al entrar en el vestuario. Y pese a ello, Floro apostó muy fuerte por mí y, como entrenador, me enseñó muchas cosas, si bien no a parar los penaltis. Algún año después, coincidimos en un aeropuerto. Con su sorna habitual, me sonrió y me dijo que el haber parado en esa temporada siete de nueve penaltis se debía a sus consejos. ¿Os lo podéis creer?

En mi carrera hay dos momentos que se podrían comparar. El más importante fue una semifinal de Champions contra el Chelsea. Ganamos 1-0, con gol de Agger, y se decidió por penaltis. El primero se lo paré a Robben. El tercero, a Geremi.

Gerrard abraza a Reina tras clasificarse para la final de la Champions 2007.

Nosotros no fallamos ni uno y, tras marcar Kuyt, todos querían abrazarme. Nos habíamos metido en la final en 2007. Además, el único título de prestigio que he ganado en Inglaterra fue la FA Cup (2006), que yo le di al Liverpool por penaltis ante el West Ham. Paré tres de cuatro en la tanda, pero lo hice después de un partido en el que había jugado fatal. Habíamos acabado 3-3. Gerrard empató en el último segundo del partido. En la prórroga, saqué una mano muy buena en el minuto ciento veinte. Ya no quedaba nada. Luego, los tres penaltis parados, el último a Ferdinand. Y, en un minuto, de villano a héroe.

En esos momentos sabes que el equipo te necesita. Tienes que salir. En esos instantes se ven los líderes. El momento de Iker fue un momentazo. Decisivo, porque, a partir de ahí, el equipo cogió alas. Cogió confianza y se dedicó a jugar mejor. Luego, una alegría inmensa por poder pasar, de una vez, la barrera de cuartos de final. ■

CON EL 5, LA CABEZA DE ESPAÑA: NOS METIÓ EN LA FINAL CON SU CABEZA Y CON SU PELO DE TARZÁN DE ÁFRICA, EL HOMBRE QUE COME TIBIAS.

¡CARLES PUYOL!

Capítulo 18

Puyi es el complemento perfecto de Piqué. Si Piqué rinde a esa gran altura, se debe a que se compenetra perfectamente con Puyol. Sabe manejarlo tanto dentro como fuera del campo. En el vestuario es igual que todos. Bromista cuando hay que serlo y trabajador cuando toca trabajar. Otro ejemplo de llevar muchísimas internacionalidades y sentirse comprometido. Pujol se implica con tanta intensidad que su actitud es un ejemplo para todos.

NOS LOS COMIMOS COMO EN VIENA

Llegar a semifinales supuso para nosotros una doble alegría. Por un lado, por estar a dos pasos de ser campeones del Mundo. Para que Iker Casillas levantase esa preciosa copa. Para dar sentido al trabajo que llevábamos realizado. Por otro lado, por haber hecho que nuestras familias viajaran a Sudáfrica. Los más afortunados contaron con sus familiares durante todo el Mundial. La gran mayoría optó por hacer el pack de los dos últimos partidos. Daba igual lo que ocurriese ante Alemania. Se sabía que estaríamos en Sudáfrica hasta el fin de semana.

sigo pensando que, hasta ese momento, eran la mejor selección de todo el campeonato. Por juego, nos medíamos a la favorita.

El penúltimo escalón se llamaba Alemania. El mismo equipo frente al que nos habíamos medido el día más feliz de mi carrera deportiva... hasta ese momento. El equipo al que ganamos en la final de la Eurocopa. Tuvimos que echar la vista atrás para ver que sólo se parecían en el nombre. Ni siquiera se parecía al equipo alemán de 2008 en Austria. Fundamentalmente le faltaba una persona que, para mí, en momentos determinantes de un partido no le hace ningún favor. Me refiero a Michael Ballack. Con todos mis respetos y admiración a este gran futbolista, entiendo que su selección sin él es mejor selección. El juego de la Alemania del Mundial era mucho más fluido. Gracias a hombres como Özil, Muller (aunque no pudo jugar contra nosotros por estar sancionado) y Schweinsteiger, jugaron muy bien en los partidos previos. Klose siempre marca en las fases finales de los mundiales. Con jugadores buenos atrás.

Los alemanes estaban cuajando un Mundial muy bueno. Me sorprendió especialmente que le metieran cuatro goles a Argentina y, antes, otros tantos a Inglaterra. Son dos pedazos de selecciones que, por muy mal que estén, siempre dan guerra. Y tanto esos días como durante el festejo de nuestro primer Mundial y aún ahora, sigo pensando que, hasta ese momento,

Los jugadores del Liverpool rodean a Pepe Reina para abrazarlo tras meterse en la final de la Champions 2007.

SISSOKO
22
HAMANN
16

Reina saluda a S.M. la Reina tras conquistar la Euro 2008 en Viena.

REINA
13

eran la mejor selección de todo el campeonato. Por juego, nos medíamos con la favorita.

Y además se nos cruzaban por el camino las más absolutas estadísticas. Que están para romperlas cuando no son favorables, eso es cierto. Y para una persona tan supersticiosa como yo, todos esos datos sólo hacen que me pregunte si será mejor quedarme en la cama que saltar al campo. Afortunadamente, con nuestro grupo se borra cualquier frase pronunciada por un gafe. Si te dejas influenciar por estas cosas estás muy jodido.

Bueno, no sería gafe, pero durante una entrevista que me hicieron antes de la semifinal, me facilitaron dos datos que no supe interpretar: el primero, que cuando nos había pitado un húngaro habíamos perdido; el segundo, que cuando jugábamos en miércoles perdíamos también. Y nos pitó un húngaro un miércoles y rompimos con esas curiosas estadísticas. Ale, a la final.

Ante Alemania jugaron Casillas, Sergio Ramos, Puyol, Piqué y Capdevila, Xabi Alonso y Busquets, Iniesta, Xavi y Pedro, y Villa. En la segunda parte, salieron Fernando Torres, David Silva y Carlos Marchena. Claro, en el caso del páter para engordar su estadística de partidos sin perder. Salió en el descuento para decir que ya no se jugaba más.

Ya habíamos pasado la barrera de los cuartos de final. Logramos derribar algo que, en un Mundial, parecía prohibido para la selección española. Se podría pensar que, hiciéramos lo que hiciéramos, ya entraríamos a formar parte de la historia del fútbol español. Pues no. Siendo esto cierto, queríamos hacerlo como los primeros campeones del Mundo que han llevado la Copa a España. Al igual que en la Eurocopa de 2008: deseábamos ganar. No nos importaba otra cosa.

En las semifinales, al poco tiempo, vimos que Alemania se achicó hasta límites que no podíamos ni creer.

Cada vez éramos más competitivos y eso se notaba en el campo. No ya sólo por nosotros. También en los rivales. En las semifinales, al poco tiempo, vimos que Alemania se achicó hasta límites que no podíamos creer. Los alemanes jugaron encerrados atrás, casi pidiendo permiso para pasar el centro del campo. Y, cuando lo hacían, mantenían fijos en su propio campo a todos los que salían con mentalidad defensiva. No querían en ningún momento que los pudiéramos pillar en una contra.

La selección que mejor había jugado en el Mundial hasta ese momento. La selección que le había metido cuatro goles a Inglaterra. La selección que le había metido otros cuatro a Argentina. Esa misma selección estaba a nuestra merced. En algunos momentos la palabra respeto se mezclaba con la palabra miedo. Creo que a ellos, aunque contaban con jugadores distintos y una mentalidad hasta la fecha diferente a la de la Euro 2008, sí les pesó aquella final. Temían que si España se adelantaba en el marcador, adiós muy buenas por su parte a jugar la final.

Y sucedió. Costó, pero más en el tiempo ralentizado en el que se viven las sensaciones. El gol de España tenía que llegar en cualquier momento. Lo que pocos podían imaginar era que marcase Puyol. ¡¡Un gol del gran Puyi nos metía en la final del Mundial!!

Al verlo en Madrid, ya como campeones del Mundo, contemplo la cara de felicidad de un líder. El rostro de un tío que actúa con la veteranía y autoridad de un capitán, pero que ha sido capaz hace unos minutos de ponerle, junto a Piqué, la camiseta del Barça a Cesc. El rostro de un tío que lo ha ganado todo. Quizá sea el momento fácil para retirarse de la selección después de haber ganado el Mundial, pero él disfruta en La Roja y la decisión que finalmente tome será la correcta. Gracias a Dios, ojalá supere los cien partidos con España y podamos levantar juntos la Euro 2012.

Aquel gol fue celebrado por todo el equipo. Así debía ser y así fue. Lo celebraron hasta por los jugadores del Real Madrid, aunque les hiciera recordar el 2-6 que le metió el Barcelona en el Santiago Bernabéu. Un tanto calcado al que, precisamente, marcó Puyol. Marca pocos y, encima, iguales. Una jugada de estrategia que le «copiamos» al Barcelona. Se podría pensar que al haber tantos jugadores del Barça, todas las jugadas son suyas. Pues no. La explicación es muy sencilla.

En cuanto a las estrategias, Vicente del Bosque nos pone jugadas que han elaborado equipos de Primera División y no jugadas de la propia selección. Sin duda nos «aprovechamos» de todo lo que se hace en los clubes y no dejamos de analizar ni un solo partido. No sólo para ver a jugadores individuales. También para ver ideas, sistemas de juego, estrategias y todo lo que sea aprovechable en un partido. Los técnicos cuidan hasta el más mínimo detalle. Un diez para ellos.

Y acabó el partido. Ya en el vestuario la alegría era inmensa, pero en determinado momento tuvimos que contenernos un poco. Doña Sofía visitaba nuestro templo. Y, de nuevo, como en el campo, el protagonista fue Puyol.

Al salir de la enfermería, donde le habían curado una herida, no se dio cuenta de que Su Majestad estaba por allí. Y salió más campechano que la hostia con su toalla en la cintura y sin camiseta. La Reina, entre ruborizada y contenta por ver a quien nos había metido en la final, le dio la mano. Y fue todo muy ameno. Como lo es siempre que se está en algún acto con los miembros de la Casa Real. Son súper cercanos y súper agradables.

Tras saludar a un Puyol que no sabía dónde meterse, se comprometió con nosotros a asistir a la final. Ella cumplió. Nosotros, también.

Lo curioso de la visita de Doña Sofía fue que algunos pensaron que yo lo había grabado. Y fue Pablo, que graba todo lo que hacemos y se encarga de todo lo que tiene que ver con imágenes y vídeo. Hasta la propia Casa Real me preguntó si yo tenía esas imágenes. No tuve la suerte de grabar ese momentazo, pero sí de vivirlo. No como en la final, pues entonces me perdí la presencia de Doña Sofía, como también me había sucedido en la de la Eurocopa. Cosas de tener que pasar el control *antidoping*. Para la final de la Euro 2012 espero tener que pasar, de nuevo, el control. Eso será buena señal y sinónimo de victoria. ■

CON EL 22, AQUÍ TENEMOS UN PROBLEMA: SE HA ESCAPADO DE UN MANICOMIO, LE VAIS A VER LA CARA Y SE HA ESCAPADO CORRIENDO Y NO LE VAN A COGER, PORQUE CORRE MUCHO, EL PAJARILLO LOCO, EL NERVIO DE LA SELECCIÓN.

¡JESÚS NAVAS!

Capítulo 19

Todos lo llamábamos Pajarillo Loco, pero al final se quedó con «El cómplice». Jesús fue el hombre con la vista más larga de toda la selección. Se acercaba a Sergio Ramos y, con una mirada, se entendían la mar de bien.

LOS CÓMPLICES SE DELATAN EN LA PARTIDA

Hasta entonces no habíamos tenido ni tiempo de ver a la familia antes del partido frente a Alemania. Y por fin podríamos compartir con ellos unos minutos, minutos que bastan para comprobar cuánto han cambiado tus hijos en sólo unas semanas. Vi a Grecia cambiadísima y más cambiada estoy viendo a Alma. La mayor pudo viajar con Yolanda, mi mujer, para estar conmigo en momentos tan cruciales. Lo que mi esposa sí tenía claro es que no me tendría que dejar «solo» en la final de Sudáfrica como en la de Viena. Esta vez no estaba embarazada y no había riesgo de tener que volverse antes de tiempo.

Corrían nuestros últimos días en Poch, como ya la conocíamos todos. Un lugar que estará en nuestro corazón para el resto de nuestras vidas. El lugar de concentración durante todo un mes. Llegamos a Poch con la ilusión de conquistar algo importante y nos fuimos de allí cuando sólo nos faltaba disputar el partido por el que habíamos viajado hasta ese paraje.

Llegamos a Poch con la ilusión de conquistar algo importante y nos fuimos de allí cuando sólo nos faltaba disputar un partido.

En los últimos entrenamientos, la final estaba tan a la vuelta de la esquina que ya estábamos doblando la calle para verla. Y gracias a nuestros familiares pudimos sobrellevar mejor tanta tensión. Cuánto recuerdo los minutos que pude compartir con mi hija Grecia en el entrenamiento, qué bonito ver a la niña feliz esos días tan decisivos para su padre que podrían justificar la carrera de cualquier futbolista. Ya se dará cuenta en unos años de lo que significó ese momento que para ella era simplemente un juego conmigo en un césped que pisaba por primera vez. Ahí sí que eché de menos a Alma. Pero la razón de su no presencia era muy clara. Si llegamos a montarla en un avión 12 horas sin poder salir, seguro que termina por tirar el avión abajo.

La pena fue que mis padres no pudieron viajar a Sudáfrica. Mi madre estaba pachucha de la espalda y no pudo trasladarse. Mi padre se tuvo que quedar con ella, y aunque a los dos les habría gustado estar conmigo, no volaron hacia Sudáfrica. Tres de mis cuatro hermanos sí pudieron ver la final. Miguel, Javi y Manolo no se la perdieron. Y aunque no sea de la familia, para mí es como si lo fuera. Además de que es un talismán. Me refiero a mi compadre Paquito. Un talismán puro y duro. Paquito parece apelar a la fe divina. Cuando tengo un partido importante de UEFA, Champions, Premier o con la selección, siempre quiero contar con su presencia. Y, claro, ante la final de un Mundial, habría fletado un avión para él solo. Y con todos ellos, cómo no sentirse muy arropado.

Como arropado ha estado en esta concentración Jesús Navas. Aunque ya había estado en otras concentraciones de la selección, los más veteranos estábamos un poco más pendientes de Jesús. Se había comentado que no podría participar por unos problemas de ansiedad que había sufrido hacía unos años, razón por la que los primeros días no le quitamos ojo. Más de un mes de concentración y sin el contacto con los suyos. Ahí Sergio Ramos ejerció de buen amigo y compañero de fatigas. Entre todos le hicimos sentirse muy a gusto. Aunque comenzó estando más con Sergio, sin darse él cuenta, acabó estando con todos. En ningún momento nos mostró la más mínima sensación de añoranza. Para él fue una muy bonita experiencia. Jesús fue de los jugadores que mejor lo pasó.

Y desde el autobús, llegando ya al Txistu, quizá hubiese sido mejor que el «Pajarillo Loco» no se hubiera sentido tan cómodo. Como cuando nos poníamos a jugar al bingo «manual» y Sergio Ramos, su jefe, le mandaba trabajo. Tal era su complicidad que los cartones para jugar al bingo los hacían a mano. Tras una comida, Arbeloa bajó indignado. En cada fila debían figurar los números correspondientes a determinada decena, pero ellos no seguían ese «esquema» y, así, en la primera fila a lo mejor aparecía un 10, un

Reina atrapa el balón del Mundial que tantos problemas dio a los porteros.

75 y un 44. Números que habían salido y que, casualmente, los llevaban Jesús Navas o Sergio Ramos... Menos mal que al mosqueo de Arbeloa se sumó Raúl Albiol, que también los pilló. Se podría haber montado una buena bronca, pero, como siempre, todo terminó en unas risas y una anécdota. Tampoco jugábamos mucho. La verdad es que nadie se fiaba ni del hombre de Camas (Sergio Ramos) ni del hombre de Los Palacios (Jesús Navas). Las risas comenzaron porque Jesús no quiso saber nada del «pastel» y comenzó a chivarse de todo lo que habían tramado. Decía que toda la «conspiración» partía de Sergio Ramos y que él no tenía más remedio que seguirle el juego. Si alguien debía ir a la cárcel era el 15. Con cómplices así, no lo tendrá nada fácil en las siguientes concentraciones para jugárnosla de nuevo.

Con ese gracejo de quien nunca ha roto un plato, recuerdo una de las millones de anécdotas que mi padre me ha contado de su carrera. Mi padre es un tripero de mucho cuidado. Siempre lo ha sido y, cuando era jugador, pues un poquito más que ahora. Un gran comilón. Vamos, tan comilón como yo. A él le gustaba meterse en las cocinas de los hoteles en los que estaban concentrados y de los restaurantes que visitaban. Que no se entienda mal, él fue pinche de cocina y todo ese mundo siempre le ha gustado. Así tenía más «facilidad» para pedirle algo especial al cocinero o aconsejarle cómo se debía hacer un gazpacho o una buena tortilla. Se aseguraba de que la hicieran a su gusto y siempre salía satisfecho de los restaurantes.

Reina y Jesús Navas, junto a Paloma Antoraz, jefa de prensa de la selección.

Una tarde, concentrados en El Escorial con el Atlético de Madrid, Luis Aragonés, entonces el entrenador del equipo, les dio permiso para dar un paseo e ir al cine si les apetecía. Aquélla podría haber sido una jornada más de convivencia, pero de camino se topó con una pastelería a la que mi padre ya le tenía el ojo echado. Y si hay algo a lo que no se pueda resistir es un milhojas con su natita por encima. No se conformó con una pequeñita. Más bien, todo lo contrario. La más grande.

nos poníamos a jugar al bingo «manual» y Sergio Ramos, su jefe, le mandaba trabajo.

Para que no lo viesen cómo se la comía en la propia pastelería, se colocó detrás de una columna. Creía mi padre poder disfrutar de aquel manjar tan contento y sin preocupaciones, pero no contaba con que en ese momento pasarían por la puerta de la pastelería Luis Aragonés y Joaquín Peiró, su segundo. La mala fortuna quiso que el mostrador tuviese un espejo y el hombre que años después sería mi seleccionador en la Eurocopa de Viena lo vio. Cazado, a mi padre sólo le quedó ofrecerles un poco de ese milhojas. «¿Queréis un poquito?»

Cada vez que los pillamos haciendo trampas, Jesús Navas intenta salir del paso casi de la misma manera. Cuando te lo dice con esa mirada de cordero degollado, no puedes regañarle ni castigarlo. Así que su «jefe» se las ha comido todas o, al menos, todas las que les hemos pillado. ■

CON EL 15, EL INDIO DE CAMAS, EL PULMÓN DE LA BANDA DERECHA, BAJA, SUBE. COMO DICE EL MÍSTER, ES UN POCO NERVIOSO A LA HORA DE CENTRAR, PERO LO HACE MUY BIEN. EL INDIO DE CAMAS.

¡SERGIO RAMOS!

Capítulo 20

Quizá nadie lo valora tanto como merece, un grandísimo deportista. Una vez más, Sergio fue de menos a más en una gran competición. Igual que en la Eurocopa. Jugó un Mundial impecable. No sé por qué los medios de comunicación la toman con él. Además de ser polivalente y contar con unos recursos técnicos impresionantes, tiene un físico extraordinario. Se cuida muchísimo. Cuida su alimentación. Echa horas y horas de gimnasio. Le obsesiona estar en forma. Quiere estar siempre al cien por cien.

EL FÚTBOL TENÍA QUE SER JUSTO

Dejado atrás Poch, ya estábamos donde queríamos, en Johannesburgo. Cada vez quedaba menos para la final. Los minutos ya comenzaban a hacerse eternos. No llegaba el momento de estar en el estadio y que se iniciara el último partido del Mundial, el partido que decidiría el nombre de la mejor selección del mundo durante los próximos cuatro años. Los rituales se seguían al pie de la letra. Como para dejarse alguno en el tintero. Todo era pensado y ejecutado al milímetro. Nos sentíamos superiores, pero había que demostrarlo.

Por esa razón volví a sentir mucho miedo. Ya estábamos en la final de un Mundial. No temía jugar la final. Temía quedar segundos, quizá un puesto meritorio pero que no vale nada. A quienes quedan segundos no los recuerda nadie. Habíamos hecho un trabajo espectacular. Habíamos hecho todos los méritos del mundo para llegar a esa cita. Históricamente grandísimos jugadores que habían vestido La Roja habían pasado muchísimos momentos malos. Nosotros jugábamos por todos ellos y no podíamos fallarles. Qué cruel quedarse ahí. Ése era el miedo, no poder lograrlo, no poder poner la guinda al pastel.

Me vino a la cabeza el temor por acabar como lo hicimos en el Liverpool en la final de 2007 en Atenas ante el Milan. Te encuentras en una final de la Champions. Y, no sabes cómo, se te escapa tras haberla tocado con las manos. Cuando no puedes borrarte la imagen de Paolo Maldini levantando la copa, te fustigas diciéndote que en ese lugar podrías haber estado tú.

No quería volver a vivir ese momento. La Copa de Europa nos debe dos a la familia Reina, pues si cruel fue en mi caso, más cruel fue lo que le sucedió a mi padre. Él, en el Atlético de Madrid, la tocó con las dos manos. Jugaron en 1974 contra el Bayern de Munich. 1974 fue el año del Mundial en Alemania y el Bayern era la base de la selección alemana, pero el partido se fue a la prórroga. Luis Aragonés marcó de falta. A falta de treinta segundos para el final, Georg Schwarzenbeck empató. Como todavía no se habían instaurado los penaltis para dilucidar un ganador, jugaron un partido de desempate dos días después. El *debía ser el premio a quienes ofrecen más que el contrario. A quienes quieren la pelota.*

4-0 de los alemanes no tuvo historia. Desgraciadamente, no hemos podido conquistarla. Ojalá pueda lograrla antes de retirarme.

No cabe comparar nuestra preparación de la final de la Eurocopa con la final del Mundial. En algunos aspectos, en cuanto a rituales, sí, tanto en conjunto como de manera individual cumplimos con los mismos rituales. En otros aspectos, esto era la final de un Mundial y ya de por sí marcaba una clara diferencia. Con ese nerviosismo y esas mariposas en el estómago tiramos para el campo. Antes, la charla fue muy sencilla. No hicieron falta muchas palabras. Nada patriótico, nada del estilo «Somos soldados y defendemos un país». Nada de eso. No se necesitaba. El mensaje fue mucho más sencillo. «Hemos llegado aquí jugando bien al fútbol y es lo que tenemos que hacer en la final. Seguir demostrando que somos los mejores con la pelota.»

Como decía el míster, «Somos unos románticos. El fútbol nos debe una muy gorda. Es el momento en el que nos debe pagar esa deuda». Gracias a Dios pudo ser. Pero, siempre, con el miedo de poder fallar.

Nos lo debía a nosotros y al fútbol en general. La Copa del Mundo debía ser el premio a quienes ofrecen más que el contrario. A quienes quieren la pelota. A quienes arriesgan en un partido. A quienes luchan por la victoria y no se dedican a especular con el resultado. Aunque jugásemos contra Holanda, nuestro premio era el premio de la misma Holanda de 1974 en Alemania o de Hungría en 1954 en Suiza, selecciones que perdieron ante la Alemania Federal. Otro peso más en nuestras espaldas.

> *pudimos tocar por primera vez el césped en esos momentos en el que las mariposas revolotean por el estómago.*

En ese trayecto del hotel al estadio, el que más se deja oír es Sergio Ramos. Como también en el autobús camino del restaurante. El de Camas, como ha quedado demostrado, es el jefe de Jesús Navas y el hombre que quiere ganarnos a toda cosa. Alguna que otra bronca hemos tenido en la concentración por su culpa. Bueno, por culpa de las cartas. Alguna fullería que nos ha hecho. Siempre contábamos con ella. Teniendo controlado a Jesús Navas, teníamos controlado a Sergio. Lo buscaba como cómplice, pero terminaba delatándolo. Una pareja peligrosa. Así contado, puede parecer que era como el «lejano Oeste». Para nada. Era una forma de crear un ambiente en el que al final nos echásemos unas risas y todo hubiera sido divertido, porque queda entre amigos. Sergio es tan competitivo que no le importa hacer alguna trampa para ganar hasta en las cartas, pero se lo perdonamos todo porque es quien selecciona la música que rebaja la tensión que se vive en el vestuario momentos antes de un partido.

Los convocados para el Mundial posan con Vicente del Bosque.

Como cada uno tiene sus rituales, yo puedo ser uno de los que se lleve la palma en cuanto a cantidad. Tenía a mi Paquito como talismán. La víspera habíamos degustado unos de los mejores cruasanes que hemos comido desde que instauramos esa tradición en Manchester. Y estaba terminando de mandar el último mensaje a mi hermano Miguel. Con mi hermano cumplo el mismo ritual la víspera y el mismo día en que se celebra un partido. Siempre nos mandamos mensajes. Y ya es una superstición, especialmente el sms con que yo terminaba la conversación. Mi último mensaje decía: «Se os quiere». Y el suyo: «Ídem». Detalles que vas recordando, tanto que en cada partido convinimos sin decirnos nada que debíamos seguir esa tradición. Si su llamada me pillaba en alguna comida o en alguna reunión de la selección, le decía que nos llamábamos después, pero que no se podía olvidar. Todo estaba hecho. Así, con esos mensajes, con los cruasanes, con Paquito, ya no me sentía intranquilo.

Ya en el estadio, pudimos tocar por primera vez el césped sintiendo revolotear las mariposas por el estómago. Unas mariposas que se disiparon en parte cuando pude localizar a Yolanda. Como siempre, no fue difícil. Ella tiene un silbido muy particular. En estadios llenos, soy capaz de oírlo. En Anfield, en mitad de un partido, silba y localizo dónde está.

Así que supe dónde se encontraban los míos. Y siempre quedaría el recurso de preguntarle a Limones, el encargado de facilitar las entradas a los familiares. En un campo de ochenta mil personas, distinguir su silbido quizá fuera más complicado, pero mi mujer me levantaba a la niña como si fuese el Rey León y eso me bastaba para verlas y ubicarlas. Todo perfecto.

Mi familia y la del Guaje compartieron todo el tiempo desde la semifinal hasta la final. Los familiares del Guaje y los míos se llevan muy bien y juntos vivieron una bonita experiencia.

Un mes alejado de tu familia. Pero ese sacrificio vale la pena al ver la cara de felicidad de tu familia por uno de tus éxitos.

O alcanzaba yo el éxito o lo hacía Dirk Kuyt, uno de mis mejores amigos en el Liverpool. La clara demostración de la globalización en el fútbol y en el deporte. Entre Holanda y España hay una gran cantidad de jugadores que compartimos vestuario durante todo el año. En nuestro caso, hasta compartimos el colegio de nuestras hijas.

Dirk Kuyt es uno de los jugadores más completos que he conocido. Goleador, y también un gran trabajador. Siempre me ha gustado, antes de que un compañero de Anfield jugase un partido del Mundial, mandarle un mensaje y desearle suerte. Esa vez no iba a ser menos. Como también lo hizo él. En los días previos ya nos «citábamos» para lo que estaba muy cerca de ser: la final del Mundial. ■

CON EL 6, *SWEET* INIESTA, EL HOMBRE QUE ESCRIBIÓ EL GUIÓN DE LA FINAL, EL HOMBRE AL QUE TODA ESPAÑA AMA.

¡ANDRÉS INIESTA!

Capítulo 21

La humildad como futbolista. El pueblo llano de una clase burguesa como es la de él jugando. Representa muy bien lo que es España en general y, en particular, esta selección. Somos gente muy normal. Gente, la gran mayoría muy humilde. Él escribió el guión. En el fútbol, como en la vida, debería hacerse justicia. Y si la iba a haber, en este caso el hombre que tenía que marcar en la final debía ser Andrés Iniesta. Como lo fue en Stamford Brigde. Si llevara pendientes, se tiñera de rubio y fuera mediático, llamaría más la atención, pero él es como es.

EL GUIONISTA HIZO SU TRABAJO

La selección comenzó jugando bien y terminó siendo competitiva. Esa frase la escuché repetidamente aquellos últimos días, pero debíamos terminar siendo la más competitiva en el momento justo. En el día D y a la hora H. Aquí y ahora. En este recorrido que nos lleva desde el Manzanares hasta el Txistu, tengo tiempo de contemplar uno a uno a mis compañeros. La mirada, en algunas ocasiones, se me va hacia Andrés Iniesta. Y ahora tengo que fijarme, una vez más, en él, y detenerme. Iniesta es el pueblo llano dentro del juego burgués que él juega. Además, Iniesta juega henchido de un sentimiento fuera de lo común. Sin que nadie se diera cuenta, Andrés se puso la camiseta de Dani Jarque. Sin duda había guardado una hoja del guión que no sabíamos nadie. Y la película, además del guión, la produjo, la dirigió y la protagonizó él. Así que pasó lo que tenía que pasar... según Sweet.

El gol más importante de la historia del fútbol español se dedicó a un jugador que murió con las botas puestas.

Ese detalle de Iniesta lo define como persona. Aquélla fue una dedicatoria justa y merecida para un reconocimiento del que era merecedor. El gol más importante de la historia del fútbol español se dedicó a un jugador que murió con las botas puestas y del que siempre nos acordaremos. Muy pocos compañeros, por no decir ninguno, lo sabían.

Esperemos que nadie se tenga que poner más camisetas de ese tipo. En el Espanyol, el detalle de Andrés lo tendrán siempre en el corazón y en la cabeza. Y estarán eternamente agradecidos con él tanto Dani Jarque como Antonio Puerta, un hombre del que Sergio Ramos se acuerda en cada partido. Dani y Antonio eran dos personas muy cercanas al grupo y podrían haber estado perfectamente en la final del Mundial con nosotros. También Rubén de la Red, que ganó con nosotros la final

Iker Casillas, como capitán de la selección, levanta la Copa del Mundo al cielo sudafricano.

de la Eurocopa. Al menos él lo puede contar y vio desde la grada cómo ganábamos también este Campeonato del Mundo.

Quizá sea algo normal. Todo aquel que consigue sus objetivos o llega a la plenitud en un aspecto de la vida se suele acordar de quienes ya no están. Así me ocurrió a mí en la Eurocopa. Y así me ocurrió en ese momento. En ambos casos, con mi abuelo como protagonista. Gente que te ayuda, que está ahí. Que han significado algo importante para ti en momentos difíciles y a los que dedicas ese buen instante de tu vida.

Como en el partido de semifinales, Del Bosque puso el mismo equipo titular. Casillas, Sergio Ramos, Puyol, Piqué y Capdevila, Xabi Alonso y Busquets, Iniesta, Xavi y Pedro, Villa. Jesús Navas, Cesc Fábregas y Fernando Torres también tuvieron su oportunidad.

Los minutos fueron pasando y no podíamos marcar. Fuimos mejores que Holanda. El partido no tenía que haber llegado a la prórroga. Ocasiones tuvimos para haber finiquitado la final antes del gol del guionista. Holanda también tuvo otras oportunidades, pero desgraciadamente para ellos se toparon con el Santo. Robben se estrelló dos veces con Iker. Eso es lo que tiene contar con el mejor portero del mundo... y algunos de los mejores jugadores del mundo. El tiempo iba transcurriendo y yo ya no sabía dónde ni cómo sentarme en el banquillo. Desde que comenzó la prórroga di más vueltas que si tuviese un área técnica que fuese todo el estadio.

Cuantísimo deseaba que marcase España. Cuando marcábamos, solía reaccionar con rapidez y era de los primeros en festejarlo. En esta selección, se daban dos datos que eran importantes para que yo llegase de los primeros. Casi siempre marcaba el Guaje, y yo con él me llevo muy bien y, además, él siempre corre hacia la banda y nos lo pone un poco más fácil a la gente del banquillo.

Y llegó el gran momento. El momento de júbilo. En el gol de Iniesta, quizá por la tensión que me agarrotaba las piernas, vi pasar aviones por derecha y por izquierda. Mis compañeros parecían aviones. Aun así creo que llegué de los primeros, lo que, agarrotado como estaba, tampoco está mal.

Todos estábamos encima de Andrés y yo caí justo sobre Cesc. Y el pobre pidió socorro. Cesc decía que no podía respirar. Yo, en ese momento, pequé un poco de tonto y también pedí que no nos aplastaran más. Nadie nos hizo ni caso. Entre todos aquellos jugadores enloquecidos, a Cesc y a mí nos preocupaba otra cosa, respirar, pero no nos sirvió de nada.

Esos pocos minutos que quedaban me parecieron eternos. Cuando volví al banquillo de España, permanecí de pie. En ese instante, mi única meta en la vida era quedarme con uno de los balones de la final. No sabía cómo hacerlo, pero tenía que lograrlo. Un despeje de Puyol, faltando un minuto, me facilitó la labor. El balón llegó casi a nuestro banquillo y me dije que ésa era mi ocasión. Y cuando creí que el trabajo más difícil estaba hecho... ¡Qué iluso!

Cuando acabó el partido, con la alegría y la celebración, parecía que yo le estaba dando mi particular homenaje a todas las embarazadas. La panza era el único escondite que me valía en ese momento. Apenas abracé a mis compañeros con ese bombo. Tenía tanto miedo de que me lo quitasen que salí corriendo a los vestuarios.

La selección española recibe la Copa del Mundo y comienza a celebrarlo.

En el camino de una cuesta enorme para llegar a ellos, un guardia de seguridad me paró y me dijo que no me podía llevar el balón. Aquello parecía el Mortirolo. Los encargados de seguridad formaron una pantalla para prohibirme pasar, pero me colé entre ellos. Se pusieron a correr detrás de mí y sólo gritaban «ball, ball». Ni caso.

Hasta que finalmente me pararon. Mis compañeros estaban festejando el título y yo corriendo y, en inglés, diciéndoles a los encargados de seguridad que se pusieran como se pusieran, pero que el balón no se lo daba a nadie. Que era nuestro primer Mundial y que ése era el recuerdo que me quería llevar para tenerlo toda mi vida. Se dieron cuenta de que no iba de broma. Que ese balón era un tesoro y que tenía que venirse conmigo a España. Así que entre aquella discusión y que tuve que llegar al vestuario para dejarlo en mi mochila, fui el último en sumarse a la celebración en el césped. Casi llego tarde a la entrega de medallas.

Después, Grecia, mi hija mayor, se vino conmigo al césped para compartir juntos ese momento único. Verla con la Copa o con la medalla me hizo muchísima ilusión. Hacerla partícipe de una gran alegría. Como lo quise hacer con mis paisanos. Por ellos me puse la bandera del Córdoba. La tierra de mis padres, de mi mujer, de mis abuelos... de casi toda la gente que más quiero.

Pero, claro, ¿quién había sido uno de los elegidos para pasar el control *antidoping*? Efectivamente, yo. Como en la final de la Eurocopa, me perdí gran parte de la fiesta, tanto en el campo como en los vestuarios. Otra vez, al igual que en Viena, la dichosa bolita me tuvo que tocar a mí. Así que no pude estar cuando visitaron el vestuario Doña Sofía, Rafa Nadal, Pau Gasol... Sí pude ver algo del cubo en la cabeza de Capdevila pidiendo la presencia de Shakira. También me contaron el beso en directo de Iker Casillas a su novia. Se lo merecían por lo que habían tenido que pasar los dos. Si Sara era culpable de la derrota, ¿sería también responsable de haber ganado el Mundial? Hablar por hablar. Cómo le gusta a la gente. Y mientras hablaban y hablaban de ella, nosotros nos habíamos dedicado a obtener ese premio tan buscado por generaciones y generaciones de futbolistas en España. Tantos como los que han pasado por ochenta años de Mundial defendiendo a nuestra selección. Y en mitad de la celebración, un amigo y compañero lo estaba pasando mal. En el último segundo de la prórroga, cuando todos ya tocábamos la Copa, Torres se lesionó. El esfuerzo que había hecho durante los últimos meses había merecido la pena porque había jugado el Campeonato del Mundo. No podía ser que apenas a unos segundos del final del partido, por presionar a la defensa de Holanda, se hubiese roto de nuevo. Sentí un sabor un tanto amargo por la lesión de Fernando. Intenté estar cerca de él. Aun durante la celebración de un Mundial, te duele que un amigo y un compañero se lesione y más en el último minuto. Con Miñano intentamos hacerle reír y que estuviera del mejor humor posible.

mi única meta en la vida era quedarme con uno de los balones de la final. No sabía cómo hacerlo.

El humor que entró en nuestro vestuario. El humor que tuvo todo el colectivo. Todo nuestro entorno. Y, por lo que nos contaban y podíamos intuir, toda España. **Ya éramos CAMPEONES DEL MUNDO.** ■

Los jugadores celebran ya sobre el césped, junto a los demás miembros de la expedición de la selección española.

Rubén de la Red ganó la Euro; la final del Mundial la vio desde la grada.

CON EL 17, EL TRUFA SE VA A PRESENTAR SOLO, LE LLAMAMOS EL ESPARTANO, PORQUE: ESPARTANOS, ¿CUÁL ES VUESTRO OFICIO? AHU, AHU, AHU.

¡ÁLVARO ARBELOA!

Capítulo 22

Es el vigoréxico del equipo. Le encantan las pesas, los ejercicios, los abdominales... Se pasaba todo el día en el gimnasio. Arbeloa es un jugador muy profesional. Cuida hasta el detalle la comida. Siempre quiere estar al máximo. En los entrenamientos da unas hostias que dan calambres. Siempre le he tenido muchísimo respeto porque es un jugador que va muy duro. En los partidos demuestra ser igual de duro. En el Mundial, tampoco pudo disfrutar de muchos minutos. Eso no ha impedido que entrenase al cien por cien y diera el máximo.

AVIÓN DE LA FELICIDAD

Acabadas las celebraciones en el vestuario, debíamos partir rápidamente. España nos esperaba, pero contábamos todavía con algunas horas, pocas, eso sí, para compartirlas con los nuestros. Al encender los móviles, empezaron a sonar las distintas melodías y tonos anunciándonos que teníamos algún que otro mensaje guardado. Las tecnologías no van mucho conmigo, pero creo que leí unos setenta mensajes. Casi el mismo número de llamadas perdidas. En el caso de otros compañeros, la cifra aumentaba al recibir, además de mensajes y llamadas, e-mails en su buzón de correo electrónico. Cosas modernas.

Entre la salida del estadio, la espera, la llegada al aeropuerto y un poco más de espera, tuvimos dos o tres horas para poder hablar con los familiares y amigos que habían viajado a Sudáfrica. También comenzamos a sentir lo que se estaba viviendo en España. Que la gente estaba como loca. Así nos lo estaban contando y así creímos imaginarlo, pero nadie pudo siquiera imaginar lo vivido esa tarde y poco a poco fuimos haciéndonos una idea de cómo cada rincón del país estaba viviendo nuestra hazaña.

Más de uno supondrá entonces que el avión de la felicidad en el que hemos viajado como campeones de regreso a España ha sido todo un espectáculo esta noche. Que de los botes que hemos dado, más que ir hacia delante el avión ha ido de arriba abajo. Y no ha sido así. Esta travesía ha sido más tranquila de lo que la gente se puede imaginar.

Casi todos –jugadores, periodistas y personal que nos ha acompañado– hemos tenido diversos «encargos». Todos con el mismo fin, pero en distintos artículos. Mi objetivo era que me firmasen el balón de la final. Objetivo cumplido. Otros manejan camisetas, fotografías o cualquier objeto donde quepa un autógrafo. Otro objetivo es hacerse una fotografía o grabarse en vídeo con la Copa del Mundo. Y en determinado momento cae en nuestro poder. Y hablo en plural porque Villa y yo hemos compartido ese momento. La Copa del Mundo sostenida entre los dos. No nos creemos que sea verdad. Que el premio por el que llevamos tanto tiempo luchando sea una realidad y que esté volando con nosotros a nuestro país.

Cuando he llegado esta tarde a España, no me he preocupado mucho por todos los amigos y conocidos que me han estado llamando. Sólo quiero saber que mi familia ha llegado bien a Madrid. He llamado a mi padre, la llamada normal que hace un hijo cuando llega de viaje. Aunque, ahora que lo pienso, vaya tontería el motivo de la llamada: lo he llamado para que supiera que había llegado bien y resulta que él estaba viéndome en la televisión. Me da a mí que cualquier cadena que tuviese puesta mi padre estaría conectando con Barajas para ver cómo pisábamos, después de un mes, nuestra tierra firme.

Que el premio por el que llevábamos tanto tiempo luchando fuese una realidad y que estuviese volando con nosotros a nuestro país.

En cuanto a las llamadas recibidas, tengo que reconocerlo y seguro que me sabrán perdonar quienes me han escrito durante el vuelo, no les he prestado mucha atención. La verdad es que no hemos tenido tiempo para nada en todo el recorrido.

Nada más bajar del avión, nos hemos dirigido al Hotel Barajas para comer y reponernos de las diez horas del trayecto desde Sudáfrica a España. Menos mal que nos hemos recuperado un poco. Si no, creo que más de uno habría caído antes de celebrarlo en España. (Bueno, un decir, porque después en el Txistu se verán las ganas de seguir de marcha.) Normal: mañana comenzamos las vacaciones. ¿O ya estamos de vacaciones? Ni lo sé, porque si esto es trabajar, yo quiero repetir cada verano con la selección.

Nos moríamos por comer un platito de gambas. En Sudáfrica ni las olimos. Nos sentimos como niños por empezar de una vez la rúa. Tengo que reconocer que nos ha hecho ilusión, por todo lo que representa, acudir a La Zarzuela y reunirnos otra vez con la Familia Real, así como también nos ha alegrado la visita a La Moncloa, pero estábamos deseando poder subirnos al autobús descapotable y ver a toda la gente que nos estaba esperando por las calles. Y abrazar aunque fuera en sentido figurado a todos, desde lo alto, haciendo un poco el loco y el indio.

Como me ha parecido que hasta la llegada a la «caravana humana» pasaría un ratito, he pedido dos botellas de *whisky*, unos refrescos y bastante hielo... Y es que ¡cuánto calor ha hecho esta tarde en Madrid! Y para ir haciendo un poco de boca. No todo iba a ser «tostarnos» al sol de este 12 de julio. La idea, como suponía, ha sido muy bien recibida por todos en el autobús.

Y ha comenzado a correr la alegría. Y a olvidarnos del cansancio acumulado, de la tensión de un mes. Y, será casualidad, pero los compañeros y los acompañantes han empezado a venirse arriba. Todos hemos empezado a venirnos arriba.

En La Zarzuela hemos departido unos minutos con la Familia Real. Tanto con Doña Sofía como con los Príncipes de Asturias habíamos podido compartir un rato en Sudáfrica. Bueno, yo de referencias, porque cuando nos habían visitado en el vestuario, me encontraba con el control *antidoping*.

En Moncloa, todo el protagonismo se lo ha llevado Andrés Iniesta. No le gusta mucho hablar en público, pero le ha tocado hacerlo. Que no hubiese marcado ante Holanda. Es lo que tocaba y es lo que tenía que ser.

Al salir de Moncloa, hemos comenzado a ver Madrid, hemos distinguido la ciudad por los edificios que se iban sucediendo, no por las calles ni avenidas: no se veía ni un milímetro cuadrado libre. Transcurrida más de media hora, apenas hemos avanzado cuatrocientos metros. Y ha sido entonces cuando hemos caído en la cuenta de que las previsiones horarias se han roto.

Con toda la legión de admiradores abajo, parecía querer lanzarse sobre ellos.

Si en mi vida hay una imagen impactante es una imagen que ha durado horas, todas las horas que han pasado hasta llegar a Plaza España. Ver la Gran Vía, en su centenario, atestada de gente ha sido una experiencia inolvidable. No ver ni un centímetro de la avenida. Alcanzar Cibeles o Neptuno y seguir sin ver ni una mota de calle. El Paseo de la Castellana a reventar. Los aficionados, llegados de toda España, aguardando por nosotros. Como diría David Bisbal, con quien he terminado compartiendo escenario, ha sido increíble.

Y eso que he estado a punto de partirme la espalda. Álvaro Arbeloa se ha caído y casi acaba encima de la gente, pero yo he ido un poco más allá. Bueno, un poco más al interior. Me he resbalado y he bajado rodando por las escaleras. Sin pensar en lo que me podía haber ocurrido, he mirado al chófer y le he preguntado por qué había frenado. Como si el pobre, a cinco kilómetros por hora, hubiera tenido algo que ver. A él sólo se le ha ocurrido darme un consejo: «Agárrate». He comprendido que tenía razón, así que he cogido una cerveza y, para arriba, al mismo sitio, pero ya bien agarrado.

Los jugadores se lo pasaron en grande en lo alto del autobús descapotable.

POLICIA

Los seguidores de la selección española se agolparon durante el recorrido de la rúa.

1U-43
POLICIA
CNP 3836 AL
1U-42
POLICIA
CNP 3835 AL
POLICIA

Cualquier sitio era bueno para ver pasar a los nuevos campeones del Mundo.

Metro
Metro

Madrid se cubrió de banderas de España.

SALVADOR BACHILLER
SALVADOR BACHILLER
100 AÑOS GRAN VÍA
ESPAHOTEL
VIPS
POLICIA
POLICIA
POLICIA
POLICIA

Y entonces he pensado que quizá terminaría doliéndome, pero que el dolor estaría más que justificado. Y entonces he mirado a Arbeloa y me he preguntado cuánto le dolería a él. Su golpe había sido bestial. Como se dice por el sur, «para habernos matao».

Entonces Arbeloa ha demostrado ser un auténtico espartano. Con toda la legión de admiradores abajo, parecía querer lanzarse sobre ellos. Como en un concierto de *heavy*. Él demuestra la gran forma física de nuestro grupo. Para aguantar el Mundial y para aguantar toda la ruta madrileña. Y estar ya tocando la puerta del Txistu. Después de saltar, brincar, reír, emocionarnos, ahora queremos comer, comer, comer... ■

Reina compartió celebración con la Policía Nacional .

Capítulo 23

Un humilde speaker. *He intentado ayudar en lo que he podido y estar preparado por si surgía la oportunidad de poder jugar. Sobre todo he buscado crear buen ambiente y que el grupo estuviera unido. Aceptar el trabajo en la sombra. Aunque ese trabajo sea muy sencillo. En la selección somos todos hombres muy similares. Humildes y trabajadores, y vamos todos a una.*

Y CON EL 23, CON UN DOLOR DE CABEZA QUE NO PUEDO YA CONMIGO, ESTE HUMILDE *SPEAKER*, QUE ESTÁ CON VOSOTROS DE CORAZÓN.

¡PEPE REINA!

UN HUMILDE *SPEAKER*

Sin duda podíamos haber hecho el recorrido andando y hubiésemos tardado menos, pero cómo estaba Madrid... como para haberlo hecho andando. Imposible que nosotros anduviéramos entre dos millones de personas en la calle llegadas de toda España. Como que de haberlo hecho nos habrían dejado llegar.

Así que ya nos encontramos en el autobús. Viendo atardecer y anochecer. Ni punto de comparación con la Eurocopa. Pasando los minutos, las horas, y el Manzanares no llega. Cada vez

El notarlos a todos encima y ver la copa tan bella y majestuosa a nuestro lado, es un momento de felicidad plena.

con más gente por las calles. Banderas de todos los lugares de nuestra geografía. De todos los clubes posibles. Una representación de todos los rincones de España. Y conforme pasa más tiempo, más líquido se bebe en el descapotable. Quizá se deba al calor, pero lo cierto es que no corre el agua.

Al final, se nos ha hecho un poco tarde. Todos estamos ya muy cansados. En las últimas cuarenta horas apenas alguno de nosotros habrá dormido algo en el avión de vuelta desde Sudáfrica, pero ha merecido la pena por ver una explanada gigante con trescientas mil personas que nos han estado esperando desde hace horas. Todo el día sin moverse, con el calor que cae, sólo con la intención de escucharnos.

Y han ido hablando los protagonistas hasta que el micrófono me ha caído a mí. Qué raro, ¿verdad? Como hace dos años. Con esa condición de *speaker* que asumí encantado, quise mostrar mi generosidad hacia mis compañeros presentándolos amigablemente como hice al ganar la Eurocopa. Siempre desde el cariño hacia todos y cada uno de ellos. Que los seguidores vean que somos gente cercana y que, como cualquier persona normal, nos pasan cosas que terminan siendo anécdotas.

En determinado momento he pensado que quizá la celebración no haya gustado mucho en el Arsenal. Piqué y Puyol han

Reina levanta la FA Cup 2006, primer título ganado con el Liverpool.

querido gastar una broma a Cesc poniéndole la camiseta del Barça. Ojalá lo entiendan todos como lo que ha sido, una broma entre compañeros de la selección y, sobre todo, entre amigos. Ni yo me esperaba que hiciesen ese gesto.

Algunos me han pedido que, además de presentar a cada uno de los 23 jugadores de la selección, volviese a repetir el «Camarero», pero cada celebración tiene que ser diferente. He comprendido que lo mucho cansa y lo poco gusta, razón por la que me he lanzado a dedicar una frase para cada uno de estos cabrones que han conseguido el primer Mundial para España.

Y como yo, por número, soy el 23, me ha tocado presentarme el último. Notar el cariño de todos al abrazarse a mí tras arrodillarme ha sido una imagen, otra más, que no olvidaré nunca. Se me ha puesto la piel de gallina en el escenario montado en el Manzanares y ahora vuelvo a sentirla. Y creo que así será cada vez que me acuerde de ella. Sentir a todos mis compañeros sobre mí junto a la Copa, tan bella y majestuosa, ha constituido un momento de absoluta felicidad. Me he sentido totalmente lleno.

La culminación del trabajo de unos chavales magníficos que nos fuimos con una gran ilusión y nos entregamos con una dedicación y un amor al fútbol impresionantes. Ya en las puertas del restaurante, cuando nos disponíamos a bajar y volver a perder esa «soledad» que hemos vivido durante unos metros, a lo largo de los cuales hemos alzado las miradas al cielo —las miradas perdidas—, hemos sonreído y nos hemos dedicado gestos de complicidad. El autobús se ha parado y hemos comenzado a bajar para cenar.

Recordar este mes y toda una carrera desde el inicio. La familia, mi abuelo. Esos campos de tierra, campos de césped artificial. La decisión de salir del Barcelona para seguir creciendo en Villarreal. Y volar hacia Inglaterra para defender al Liverpool. Me acuerdo de todos los compañeros que he tenido, que han hecho que yo llegara allí. Recuerdo experiencias buenas y malas.

Me acuerdo de todos los compañeros que he tenido, que han hecho que yo esté aquí. De experiencias buenas y malas que he tenido que pasar.

Y sentir que todas las decisiones, todas las paradas, todos

Micrófono en mano, en el Manzanares ejerció de speaker.

Reina fue nombrando uno a uno a todos los campeones del Mundo.

los goles encajados, todos los momentos vividos tienen su razón de ser. Cuando aterricé en Inglaterra, para jugar con el *boom* del Spanish Liverpool, siendo el club campeón de Europa. Y que el club consiguiera una proeza imborrable en una final de la Champions al ganar por penaltis un partido que se había puesto 3-0 en contra.

Se trata de un equipo que refleja a su misma ciudad. Un club humilde, trabajador, obrero y sin grandes estrellas. Yo me identifico con esa filosofía plenamente. Creo que esa manera de ser ha sido clave para sentirme integrado desde el primer día.

El primer año tuve el privilegio de batir el récord de Clemence de partidos seguidos con la portería imbatida. Los números están ahí y son muy buenos. Los aficionados me empezaron a coger cariño. Hasta hoy, ya en la sexta temporada, continúo con la misma mentalidad y las mismas ganas.

Y, alcanzada la cumbre con que todo futbolista sueña, te sobran todavía ganas de conquistar nuevos retos. Vivir nuevas experiencias que se parezcan a la hazaña del 29 de junio de 2008 o el éxito del 11 de julio de 2010. Dos días para los anales de la historia de la selección española de fútbol. Deseando que se repitan y poder mirar, otra vez, hacia el cielo para darle las gracias a mi abuelo.

Hasta la próxima.

Se os quiere.

Jesús Navas alza la Copa del Mundo mientras el resto de sus compañeros se abalanza sobre

Pepe Reina en la conclusión de la fiesta en el Manzanares.

Capítulo extra:

VICENTE DEL BOSQUE

> LA BONDAD EN PERSONA, EL HOMBRE CORRECTO, EL MÍSTER QUE NOS HA TRAÍDO HASTA AQUÍ, QUE NOS HA HECHO GANAR LA AMARILLA, LA QUE TODOS QUERÍAMOS.
>
> ¡DON VICENTE!

GRACIAS

Ahora quiero recordar, como hice en el avión de vuelta, a las personas que hacen el trabajo que rodea a la selección española. Ellos hacen que todo sea más fácil y logran que sólo nos preocupemos por jugar y por nada más. Antes de tener siquiera un problema, todos ellos ya te lo han solucionado.

Los utilleros, fisioterapeutas, médicos, secretarios, segundo entrenador, preparador de porteros, responsables de prensa... Todas esas personas que trabajan detrás de la cámara y que la gente no ve. Sus caras de felicidad en el Manzanares eran impagables.

Solamente por verlos a ellos. Por advertir que sentían que habían cumplido con su labor. Que nos habían ayudado y se sentían orgullosos de haber podido contribuir a conquistar la Copa del Mundo. Al verlos sentí una felicidad impresionante.

El ambiente que crean y la relación que vivimos con cada uno de ellos hacen que el grupo sea lo que es. Todo propicia que todas las sensaciones que transmite la selección sean positivas.

Podría parecer que son unos privilegiados por trabajar con un grupo de futbolistas tan importantes. Pues no. Los privilegiados somos nosotros, los jugadores, por poder contar con tan buenas personas y tan buenos profesionales. No me cansaré de decir que nos facilitan muchísimo nuestra labor. Cuando no estamos jugando un partido de fútbol, ellos consiguen que todo lo demás vaya sobre ruedas.

Y como cabeza visible, Vicente del Bosque. El seleccionador que nos ha llevado a reinar en el Mundo. Hablar de él es hablar del representante de todos los profesionales que lo rodean y que tantísimo nos facilitan las concentraciones. En cuanto al míster, Vicente es un hombre muy campechano. En ningún momento abusa de su autoridad. Más bien sucede al contrario. Muchas veces te pide por favor que presiones. «Si no os molesta...», parece decir a los delanteros para que presionen un poco más. Casi te lo ruega. Muchas veces me lleva a pensar que si no presiono con Del Bosque es que no presionaré nunca. El grupo le cogió cariño y se identificó muy rápido con su personalidad.

A su lado, Vicente cuenta con un equipo que lo complementa muy bien. Toni Grande trabaja con la estrategia y la preparación de los partidos. Javi Miñano, encargado de la preparación física, también es partícipe del buen ambiente que hay en el vestuario. Y, personalmente, destaco a Ochotorena. José Manuel, además de preparador de porteros, para mí es como un padre. No puedo ser objetivo con él. Nos ha sabido trabajar muy bien. Y nos ha sabido llevar muy bien. Y hacerlo con tres

Pepe Reina, en una rueda de prensa con la selección.

porteros que militamos en tres de los clubes más poderosos de todo el planeta no es sencillo.

A su vez, Fernando Hierro, Paco Jiménez, Antonio Fernández, los utilleros, los fisioterapeutas, los médicos, la secretaria, la jefa de prensa... Todos. No me quiero dejar a nadie porque han formado un equipo espectacular que nos facilitó muchísimo las cosas. Hasta Limones, el responsable de ofrecernos fuera donde fuera los mejores cruasanes en perfecto estado. Todos los quebraderos de cabeza –los viajes, los desplazamientos y estancias de las familias– constituían parte de su trabajo y, como grandes profesionales que son, lo resolvían sin que nosotros nos enteráramos de las dificultades con que quizá se iban encontrando al comprar billetes, reservar habitaciones en uno u otro hotel o hacer cualquier otra gestión que necesitáramos.

También quiero acordarme del presidente Ángel María Villar, que durante muchos años ha marcado el rumbo correcto para que todos podamos ahora ser campeones del Mundo, y de Jorge Pérez, Secretario General, al frente de un equipo humano que nos ha ayudado muchísimo.

La opinión pública desconoce la importancia del trabajo de todo ese equipo, pero para los jugadores su profesionalidad es clave para poder centrarnos sólo en el entrenamiento, en descansar y en el partido que tenemos que jugar. Que no es poco. ■

Para Reina, Ochotorena es algo más que un entrenador de porteros.

La labor de los fisios y recuperadores, clave para el buen estado de los jugadores.

EPÍLOGO DE VÍCTOR VALDÉS

Me toca cerrar este cuento que el lector tiene entre manos. Hacerlo demostrando, una vez más, la unión que ha habido a lo largo de todo este tiempo en la selección. Formamos un equipo. Formamos un grupo. Formamos un colectivo en el que cada día que pasa la convivencia es el claro ejemplo de que con buen ambiente se pueden lograr todos los éxitos.

Fui el último en meterme en este grupo. Estrenarme en una convocatoria para ir, y ganar, el Mundial. Poco más se puede pedir. Por eso, cuando Pepe Reina me pidió participar en este recuerdo de cómo se ganó el Mundial, no lo pensé dos veces. Pese a muchas cosas que se dijeron, el trabajo ha dejado a cada uno en su sitio. Y a nosotros, como campeones del Mundo.

Desde el primer día, teníamos claro que lo único que importaba era poder ayudar al grupo en todo. Iker, Pepe y yo desde la portería, y los demás compañeros desde sus respectivas posiciones. Al final, se ha visto que es un grupo muy unido. Que ha ido a por todas y ha cumplido con lo que el míster ha pedido y transmitido para practicar el juego que quería conseguir. Creo que todo salió muy bien para todos.

Y eso que en los días previos a la lista definitiva, en la que yo pude entrar por primera vez, en muchos sitios se hablaron de cosas que podrían generar polémica, pero hemos demostrado que había muy buena relación entre todos y que es un equipo unido en todos los aspectos.

De todo ello y de todo el grupo la única beneficiada es la selección.

No es ninguna crítica a nadie, pero la prensa, a veces, tiene cosas de las que hablar y nosotros tres, en esa polémica que se intentó montar, estuvimos al margen de todo lo que se decía. Lo único que podíamos hacer, como así lo hicimos durante todo el Mundial, era responder con nuestro trabajo diario.

Responder con nuestra relación diaria, que ha sido muy buena y muy positiva para todos. Y nada más. Lo que hablen en prensa no lo podemos controlar. Sí es verdad que si nosotros podemos cerrar todo tipo de debates, saliendo ante los medios y acabando con todo lo que se dice, pues debemos hacerlo, tal y como lo hicimos.

Era la primera vez que coincidía con algunos de los compañeros. Más bien, exceptuando a los del Barcelona, como es lógico, con casi todo el resto no había tenido la oportunidad de compartir vestuario. Y menos hacerlo durante algo más de un mes de forma seguida y en una concentración. Sólo me queda decir que la convivencia con los compañeros en el Mundial me ha aportado muchas cosas. Lo primero, vivir una nueva experiencia. El poder estar en un Campeonato del Mundo. Me vine de Sudáfrica, además de con el campeonato y con ese sabor de boca tan positivo de haber podido colaborar en ese éxito, con el hecho de que vivir una experiencia de este tipo me hace sentirme mejor portero todavía.

Y si me siento mejor portero se debe al trabajo y a las conversaciones con Iker y con Pepe. Una estancia que fue muy buena para los tres. Es más, no pudo ser mejor. Además del trabajo que realizamos con José Manuel Ochotorena, que fue y sigue siendo muy bueno, entre los tres hemos aprendido cosas. Al menos yo lo veo así. Aprendí mucho de los dos.

Considero que hubo un punto de inflexión en el Mundial, cuando perdimos el primer partido ante Suiza. De cara a los siguientes partidos, nos dio un plus de fuerza y de ganas de demostrar lo que éramos capaces de hacer. Y así fue hasta el final. Con lo cual, creo que ese partido resultó muy importante para este equipo. El colectivo tiró de casta y hasta la final fuimos un bloque muy compacto.

Si me tuviera que quedar con un momento del Mundial, sería con el instante cuando, al final, pude tocar esa Copa. Nunca te imaginas poder llegar a ese momento. Como profesional, poder tocarla y decir «yo formo parte de esto». Aunque no hubiera jugado, sí me sentía, como el resto de compañeros, con la sensación de haber colaborado en algo para que se pudiera lograr. Es muy importante para un jugador. Era lo que soñaba y se ha podido hacer realidad.

Todos formamos parte de una selección. El equipo está integrado por jugadores de diversos equipos, pero es La Roja. Y la afición sabe que somos un grupo que intenta hacerlo lo mejor posible. Ellos valoraron nuestro trabajo, sin importar colores ni nada por el estilo. Que siga la racha. ■